# Normandie

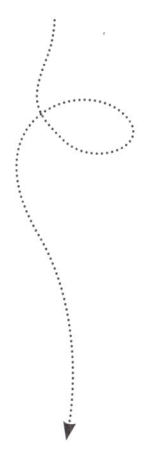

Klaus Simon

# Inhalt

**Das Beste zu Beginn**
S. 4

**Das ist die Normandie**
S. 6

**Die Normandie in Zahlen**
S. 8

**So schmeckt die Normandie**
S. 10

**# Ihr Normandie-Kompass**
15 Wege zum direkten
Eintauchen in die Region
S. 12

**Rouen und das Seine-Tal**
S. 15

**Giverny** S. 16
**Vernon** S. 16
**Évreux** S. 18
**Les Andelys** S. 19
**Rouen** S. 20

 **1** Auf dem Holzweg – **in der Altstadt von Rouen**
S. 24

**Le Havre** S. 27

 **2** Durch den Sumpf – **Radtour im Marais Vernier**
S. 28

**3** Wiederaufbau – **modernes Wohnen in Le Havre**
S. 32

**Côte d'Albâtre und Pays de Caux**
S. 37

**Le Tréport** S. 38
**Dieppe** S. 39
**Varengeville-sur-Mer** S. 42
**St-Valéry-en-Caux** S. 43
**Sassetot-le-Mauconduit** S. 45
**Fécamp** S. 45
**Étretat** S. 48

 **4** Fallhöhe – **der Zöllnerweg von Étretat nach Yport**
S. 50

**Côte Fleurie, Pays d'Auge, Côte de Nacre**
S. 53

**Honfleur** S. 54

 **5** Wiege einer Malerschule – **Impressionismus in Honfleur**
S. 56

**Trouville** S. 58
**Deauville** S. 59
**Houlgate** S. 61
**Lisieux** S. 62

 **6** Verlorene Zeit? – **mit Proust in Cabourg**
S. 64

 **7** Ein Dorf macht Käsegeschichte – **Camembert**
S. 66

**Beuvron-en-Auge** S. 68
**Bayeux** S. 68

70 Meter Hauen und Stechen – **die Bayeux-Tapisserie** S. 70

 An der Côte de Nacre – **Schauplätze des D-Day** S. 73

 Wohnen im Herrenhaus – **Schlosshotels im Bessin** S. 76

**Caen und die zentrale Hügellandschaft** S. 79

**Caen** S. 80
**Suisse Normande** S. 83

 Im Herz der Suisse Normande – **Kanutour auf der Orne** S. 84

**Le Pin-au-Haras** S. 87

 Besuch beim Calavdos-Bauern – **die Ferme de la Merouzière** S. 88

**Bagnoles-de-l'Orne** S. 90

**Manche und Mont St-Michel** S. 93

**St-Vaast-la-Hougue** S. 94
**Barfleur** S. 95
**Cherbourg** S. 95

**Barneville-Carteret** S. 98
**Granville** S. 99

 Dichter-Hideaway – **mit Prévert am Cap de la Hague** S. 100

 Tropen am Ärmelkanal – **im Jardin Botanique de Vauville** S. 102

**Le Mont St-Michel** S. 105

 Klosterberg im Meer – **Mont St-Michel** S. 106

**Hin & weg** S. 108

**O-Ton Normandie** S. 114

Register S. 115

Abbildungsnachweis/Impressum S. 119

**Kennen Sie die?** S. 120

# Das Beste zu Beginn

### Dorfschönheiten
Es gibt viele zauberhafte Dörfer in der Normandie. Claude Chabrol aber schickte Isabelle Huppert als »Madame Bovary« über das Pflaster von Lyons-la-Forêt. Denn nirgends blühen die Stockrosen üppiger, ist das Fachwerk krummer, sind die Gasthöfe einladender – außer in Beuvron-en-Auge, Le Bec-Hellouin, Barfleur, St-Céneri-le-Gérei.

---

### Fischmarkt
Taschenkrebse, Hummer, Kabeljau, Rochen, Makrelen, Austern – es gibt viele Fischmärkte und -hallen in der Normandie. Die von Le Tréport hat für mich den unverfälschtesten Charme, die von Trouville ist die schmuckste, die von Ouistreham bleibt beim Angebot unschlagbar.

---

### Schöner schnöder Beton
Kein Fachwerk nirgends in Le Havre, das im Zweiten Weltkrieg fast völlig zerstört wurde. Und so einzigartig wiederaufgebaut wurde, dass die Stadt seit 2005 zum Weltkulturerbe der UNESCO zählt. Unbedingt die Modellwohnung von Stadtplaner Perret besuchen! Mehr Aufbruchstimmung im beschwingten Fifties-Design geht nicht.

---

### Mein letztes Fundstück am Strand
Drei Kieselsteine, glatt und walfischgrau. Millionen davon klickern aneinander, wenn Ebbe und Flut an der Côte d'Albâtre wechseln. Jetzt liegen die drei faustgroßen Steine still, sauber und trocken auf meinem Schreibtisch. Und die Symphonie der ruhelosen Gezeiten steht krachend im Raum.

### Zuletzt gelesen
Monsieur Christian kann den Ruhm des »St-James« nicht verstehen. Im Oktober habe Undine Gruenter die Bar des Hotels besucht, am nächsten Tag ein Zimmer gemietet. Dass sich das Hotel in ihrer Erzählung »Sommergäste in Trouville« wiederfinden sollte, konnte Herr Christian nicht ahnen.

**Das Beste zu Beginn**

**Unter den Füßen das Wasser**
Brücken bauen können die Normannen. Schon die Seine-Brücke bei Tancarville setzte Ende der 1950er-Jahre Maßstäbe. Wer geglaubt hat, mit dem Pont de Normandie sei 1995 das Höchstmaß an High-Tech-Eleganz erreicht, muss bei der 2015 am Mont St-Michel eröffneten Zugangsbrücke feststellen: Es geht noch schicker übers Wasser.

**Eine Normandie? Oder doch besser zwei?**
Seit 2016 ist es amtlich: Rouen ist die Hauptstadt der nun zu einer Region verbundenen Unteren und Oberen Normandie. So wollte es die französische Regionalreform. Viele Normannen wollten es nicht. Die Teilung in eine bäuerlich geprägte, arme Basse-Normandie und eine industrialisierte, reiche Haute-Normandie wird freilich bleiben.

**Tropenträume**
Agapanthus wogt bläulich schillernd in der Brise. Drachenpalmen bäumen sich auf, Bambus zittert, eine Araukarie stürmt gen Himmel. Möglich macht die tropische Vegetation der Golfstrom vor der normannischen Küste.

**Blick aufs Meer**
Ein echter Seemann ruht am Ende seiner letzten großen Fahrt gern mit *vue sur mer*. Anders gesagt, die Fischerfriedhöfe *(cimetière marin)* der Normandie liegen so, dass das Meer zu sehen ist. So auch im berückend schönen Varengeville-sur-Mer.

Seit über 20 Jahren bereise ich die Normandie. Mein größter Fang: eine Citroën DS am Straßenrand, die ich nach ein paar Gläsern Calvados nach Deutschland mitnehmen durfte. Mein größtes Abenteuer: eine Woche als Kellner in einem Dorfcafé in Allouville-Bellefosse. Mein größter Urlaubstraum: den Küstenwanderweg mit Labrador Paule abwandern.

## Fragen? Erfahrungen? Ideen?
Ich freue mich auf Post.

*Mein Postfach bei DuMont:*
*simon@dumontreise.de*

# Das ist die Normandie

Über der Küste bauscht sich der Himmel auf. Mal ist er bleigrau und schwer, mal babyblau und zart, und dies in rascher Folge. Dem Himmel entsprechend färbt sich das Meer mal tintenblau, mal graugrün, mal tahitirürkis. Die Normannen nehmen es mit Humor: Hier sei täglich gutes Wetter – wenigstens für ein paar Minuten.
Und wurde nicht in der Normandie das Baden im Meer erfunden, und zwar 1824? So schlimm kann es also mit dem Wetter nicht sein. Was am Golfstrom liegt. Die warme Meeresströmung schützt vor hartem Frost und bringt ganzjährig reichlich Regen mit. So kommt die Normandie zum satten Grün von Feld und Wiesen, zu Parks und üppig blühenden Gärten.

## Belle Époque statt Beton

Seit weit über 100 Jahren nutzt *tout Paris* das Wochenende, um mal eben in die Normandie zu fahren. Am Strand aber sieht es noch immer so aus, wie von den Impressionisten im 19. Jh. auf der Leinwand verewigt. In den Badeorten verzaubert die Bäderarchitektur der Belle Époque. Eindeutig glückliche Kühe der Rasse Pie Normande liegen auf fetten Wiesen. Rassige Rennpferde und klobige Percheron-Kaltblüter trollen sich auf mit weißen Gattern eingefassten Koppeln. Apfelbäume betupfen im Frühjahr das sattgrüne Land mit rosa Blüten. Eine bucklige Kirche hier, ein stolzes Herrenhaus dort – Betonexzesse bleiben der normannischen Küste erspart. Von museal jedoch keine Spur. In Trouville oder Étretat brummt's in angesagten Bars und coolen Bistros. In Deauville ist alles *très chic* und die Wahrscheinlichkeit, einen Promi zu erspähen, nicht nur zum Filmfestival groß.

## Mittendurch: Die Seine

Die Seine teilt die Normandie in die Haute-Normandie im Osten und die Basse-Normandie im Westen. Rouen ist dank der Lage am Fluss sogar einer der größten Häfen Frankreichs. Die Hauptstadt der Normandie überrascht als mittelalterliches Fachwerkjuwel, umtriebige Universitätsstadt und flotte Shoppingmeile zugleich. An der Mündung folgt Le Havre mit monumentalen Achsen und dem Schwung der Fifties. Das Wiederaufbauensemble der im Zweiten Weltkrieg zerstörten Hafenstadt gehört zum Weltkulturerbe der UNESCO.

## Schwindelerregende Klippen, endlose Sandstrände

Im Osten beginnt die Côte d'Albâtre. Auf 120 km trotzen die alabasterbleichen Kreideklippen dem Ärmelkanal. Ein Fernwanderweg lockt an die Felskante. Unten brandet die See noch und noch. Im Hinterland rollen sanft gewellte Äcker bis zum Horizont davon. Der Wind kann kräftig aufdrehen – dass dem Vieh die Hörner wegfliegen, so sagt man hier. Majestätische Buchen liegen um die Gehöfte des Pays de Caux.
Côte Fleurie und Côte de Nacre setzen im Westen einen Gegenpunkt. Von Honfleur bis Grandcamp-Maisy folgt ein hübscher Badeort auf den nächsten. Bienvenue an der normannischen Riviera. Hinter den flachen

# Das ist die Normandie

*Abends, wenn die Sonnenschirme zugeklappt sind, geht's vorm Horizont weiter. Zu Fuß und per Rad.*

Sandstränden beginnt das Pays d'Auge, ein normannisches Bilderbuchland mit Calvadosbrennereien und herausgeputztem Fachwerk.

## Kultur und Outdoor

Caen, die zweitgrößte Stadt der Normandie, steht im Zeichen seiner Burg. Hinzu kommen mittelalterliche Abteien und eine lebendige Kulturszene, die in ganz Frankreich von sich reden macht. Folgt man der Orne von Caen nach Süden, gräbt sich der Fluss bald tief in den Fels der Suisse Normande ein. Kanus tänzeln auf dem Wasser. Die Uferfelsen sind ein Paradies für Freeclimber und Paraglider. Die »Normannische Schweiz« ist zudem ein Tipp für Wanderer und Mountainbiker. Im Cotentin macht sich die Nähe zur Bretagne bemerkbar. Hecken und Heidekraut überziehen die menschenleere Halbinsel. Im Nordwesten ragt das Cap de la Hague dramatisch über dem tosenden Wasser auf. Am Mont St-Michel ändert sich das Bild. Zum Klosterberg wollen alle.

## Normannische Identität

Drei Schlüsseldaten prägen die Identität der Normannen. Alles beginnt mit den Wikingern. Die Männer aus dem Norden, genannt Normannen, tauchten im 9. Jh. vor der Küste auf. Sie brandschatzten, plünderten und blieben schließlich im Land am Ärmelkanal, das nach ihnen benannt wurde: die Normandie. Weiter geht es mit Wilhelm dem Eroberer. Der Herzog der Normandie zog 1066 über den Ärmelkanal, eroberte England und ließ sich zum König krönen. Bliebe der D-Day. Die Landung der Alliierten im Juni 1944, die zur Vertreibung der deutschen Besatzer führte, ist Thema von Besichtigungsrouten, Museen, Events.

# Die Normandie in Zahlen

**3**
Tage nach der Ernte schmecken Austern am besten. Das Datum steht auf dem Spanholzkorb.

**4**
Naturparks schützen Fauna und Flora der Normandie.

**5**
Departements bilden die Verwaltungsregion beiderseits der Seine.

**16,8**
Grad Celsius beträgt die Durchschnittstemperatur im August, doch das Meer ist 18–20 Grad warm.

**40**
Jachthäfen mit 1400 Liegeplätzen bieten Seglern Schutz.

**48**
Apfelsorten sind für das Brennen des bernsteinfarbenen Calvados zugelassen.

**50**
Prozent aller französischen Vollblutfohlen stammen aus den 1400 normannischen Gestüten.

**70**
Meter lang ist das Hauen und Stechen auf der Tapisserie von Bayeux. Nach 58 Bildern hat Wilhelm, Herzog der Normandie, England erobert.

**95**
Prozent der Normannen sind katholisch – zumindest im Taufbuch.

**120**
Meter hoch sind die Kreideklippen der Côte d'Albâtre.

**365**
Stufen muss man bis zur Aussichtsebene des Leuchtturms von Gatteville bewältigen.

# 29 906

Quadratkilometer misst die Normandie, ungefähr so viel wie Belgien.

## 154 000

alliierte Soldaten standen am Ende des 6. Juni 1944 (D-Day) in der Normandie.

# 489 000

Einwohner hat die normannische Hauptstadt Rouen mit dem Ballungsraum drumherum.

# 417

Meter misst der höchste Punkt der Normandie im Wald von Écouves.

# 600

Kilometer Küste hat die Normandie von Le Tréport im Osten bis Mont St-Michel im Westen.

## 1030

Millimeter schüttet es im Jahresmittel in der Regenhochburg Cherbourg. Aber nur 630 mm wenig weiter am Cap de la Hague.

# 2141

Meter lang ist der Pont de Normandie. Die Schrägseilbrücke über der Seine-Mündung erreicht damit fast die Länge der Champs-Élysées.

## 300

Kilo Makrelen spenden die Fischer von Trouville zur Fête de la Mer et du Maquereau Anfang Juli.

# So schmeckt die Normandie

Die Normannen lieben eine ehrliche, dem Meer und dem bäuerlichen Hinterland verpflichtete Küche. Eine kulinarische Wüste ist die Normandie deswegen aber noch lange nicht. Das Zauberwort heißt *Cuisine du terroir*. Was man darunter versteht? Rezepte der regionalen Tradition mit Zutaten aus der Region – präsentiert jedoch in durchaus moderner Form. Etwas für Entdeckungs-Schmecker!

**Wo gibt es was und wann?**
Für den Hunger zwischendurch gibt es im *café* oder in einer *bar* Sandwich, Pizza, Salat. Für Petits fours und Kuchen geht man in einen *salon de thé*. Abends werden im *restaurant* ab etwa 19.30 Uhr die ersten Bestellungen aufgenommen. Weniger streng an Mittags- und Abendzeiten halten sich Brasserien: Das Konzept heißt ›durchgehend warme Küche‹. Das *bistro* hat einen Bedeutungswandel durchlaufen – mitunter schmücken diese sich sogar mit einem Michelin-Stern. Wachsender Beliebtheit erfreut sich die *bar à vin*. Dort werden die Weine auch glasweise angeboten, woanders bestellt man ganze Flaschen.

**Großer Hunger, kleines Budget**
Auch feinere Adressen locken unter der Woche mittags mit einer *formule* (Vorspeise plus Hauptgang oder Hauptgang plus Dessert, eventuell mit Getränk, zwischen 12 und 20 €) oder einem güns-

---

### SEEZUNGE MIT MIESMUSCHELN UND CHAMPIGNONS

Zutaten für 4 Personen
4 Seezungenfilets
1 kg Miesmuscheln
350 g Garnelen
500 g Champignons in Scheiben
Zitronensaft, 2 El Butter
Für den Fischfond:
Haut, Gräten, Köpfe der Seezungen
1 Karotte in Scheiben
1 Zwiebel in Scheiben
2 Lorbeerblätter, Thymian, Petersilie
¼ l Weißwein, ¼ l Wasser
Für die Sauce:
2 Eigelb, 125 g Sahne

Die Seezungen beim Händler filetieren lassen. Die Reste mitnehmen und für den Fond mit den anderen Zutaten 20 Min. köcheln lassen. Den Sud durch ein Sieb abgießen. Die Muscheln im Sud 2 Min. kochen und aus der Schale lösen. Mit den Garnelen genauso verfahren. Beides warmstellen. Die Champignons mit Zitronensaft beträufeln und in Butter anbräunen, dann dämpfen und zu den Muscheln und Garnelen geben.
Fischfilets in Auflaufform legen, mit dem Sud bedecken. Deckel drauf und 10 Min. im vorgeheizten Backofen garen. Den Sud abgießen und so lange reduzieren bis nur noch eine halbe Tasse übrig bleibt. Eigelb und Sahne reinquirlen und mit dem Schneebesen aufschlagen. Salzen und pfeffern. Miesmuscheln, Garnelen, Champignons um die Seezungen in der Auflaufform garnieren, Sauce aufgießen, Butterflöckchen darüber verteilen und kurz überbacken.

# So schmeckt die Normandie

tigen Menü. Abends sind die Preise höher. Um die 25–30 € sollte man für ein Menü kalkulieren. Entschließt man sich für ein Spitzenrestaurant, wird es natürlich deutlich teurer.

### Restaurant-Kodex
Französische Restaurantriten wollen gelernt sein. Man überlässt es dem Kellner, einen Tisch vorzuschlagen – den man natürlich ablehnen kann, um einen anderen Platz zu erbitten. Nachdem die Speisekarten verteilt sind, fragt der Kellner, ob man einen Aperitif wünsche. Hat man gewählt, gibt man der Bedienung, die mit »Madame!« oder »Monsieur!« angeredet wird, ein Zeichen. Die Rechnung wird nur auf Aufforderung gebracht. Sie umfasst den Gesamtbetrag – getrennt zu zahlen, käme keinem Franzosen in den Sinn. Der Service wird in der Rechnung ausgewiesen, ein Trinkgeld hinzuzufügen ist jedoch üblich.

### Satt und glücklich
Die traditionsreiche Küche der Normandie liebt Butter und Crème fraîche. Gebackener Camembert, Paté vom Schwein oder von der Ente, eine *assiette de charcuterie* (Wurstplatte), Cotentin-Schinken, wahlweise eine *assiette de crudité* (Rohkostplatte), Austern, *langoustines* (Kaisergranat bzw. Scampi) oder Muscheln zählen zu den typischen Vorspeisen. Weiter gehts mit einer Blanquette von Jakobsmuscheln in einer Butter-Calvados-Sauce,

**Die drei großen C:** Cidre (Apfelwein), Camembert (Weichkäse aus Kuhmilch) und Calvados (Apfelschnaps). Es sind nicht die einzigen Spezialitäten der Region, die eine Appellation d'Origine Protégée (AOP) schützt. Auch die Kuhkäse Livarot, Pont-l'Évêque, Neufchâtel, Butter und Sahne aus Isigny und der Apfelaperitif Pommeau tragen das AOP-Label.

### RESERVIERUNG

Samstagabend und Sonntagmittag sind in Frankreich für ein Essen außer Haus beliebt – entsprechend groß ist der Andrang. Nach dem Ansturm legen viele Restaurants am Sonntagabend und Montag ihren Ruhetag ein. Den Tisch zu reservieren empfiehlt sich jedoch fast immer: Je renommierter der *chef de cuisine*, desto schneller heißt es: *complet* – kein Platz mehr frei!

Seezunge oder Scholle aus dem Backofen, Rochen mit Kapern, Hummer von den Chausey-Inseln oder Salzlamm. Nicht zu vergessen: ein *plateau de fruits de mer* mit auf einem Bett aus Algen und Eis arrangierten Taschenkrebsen, Austern, Mies- und Herzmuscheln, Krabben, Seeschnecken und Kaisergranat wird frischer nirgends serviert. Die *andouille* mag nicht jedermanns Sache sein. So wie die Innereienwurst aber gehören *tripes*, Kuttenl, zu den Spezialitäten. Ente mit Cidre oder Hähnchen aus dem Pays d'Auge sind allemal mehrheitsfähig. Das typische Dessert heißt *tarte aux pommes*, ein Apfelkuchen mit einem Schlag Crème fraîche, dazu eine Kugel Vanilleeis.

### Was wollen wir trinken?
Cidre passt zu allem, denn man kann zwischen *doux* (lieblich), *brut* (trocken) und *mousseux* (schäumend) wählen. Weißweine von der Loire wie ein Cheverny oder ein Ménetou-Salon passen zu Fisch, ein Roter aus Chinon oder Bourgueil zu Fleisch.

# Ihr Normandie-Kompass

#2
Durch den Sumpf – **Radtour im Marais Vernier**

#3
Wiederaufbau – **modernes Bauen in Le Havre**

FERNROHR, RADHELM, LOS!

BETON, MON AMOUR

#1
Auf dem Holzweg – **in der Altstadt von Rouen**

FACHWERKKUNDE FÜR FLANEURE

WOMIT FANGE ICH AN?

HOCH & HEILIG!

#15
Klosterberg im Meer – **Mont St-Michel**

Palmen? Bananen?? Feigen???

#14
Tropen am Ärmelkanal – **im Jardin Botanique de Vauville**

Ein Garten, ein Gedicht

Apfel, kommst du in die Destille?

#13
Dichter-Hideaway – **mit Prévert am Cap de la Hague**

#12
Beim Calvados-Bauern – **die Ferme de la Merouzière**

**15 Wege zum direkten Eintauchen in die Region**

#4
Fallhöhe – **der Zöllnerweg von Étretat nach Yport**

#5
Wiege einer Malerschule – **Impressionismus in Honfleur**

ABGRUND mit AUSSICHT

*Himmel, die Bilder!*

Hotellektüre

#6
Verlorene Zeit? – **mit Proust in Cabourg**

IMMER DER NASE NACH

#7
Ein Dorf macht Käsegeschichte – **Camembert**

GAME OF THRONE

#8
70 Meter Hauen und Stechen – **die Bayeux-Tapisserie**

**! Der längste Tag**

My house is my castle

LASS DICH TREIBEN!

#9
An der Côte de Nacre – **Schauplätze des D-Day**

#11
Im Herz der Suisse Normande – **Kanutour auf der Orne**

#10
Wohnen im Herrenhaus – **Schlosshotels im Bessin**

# Rouen und das Seine-Tal

Schon bald, nachdem die Seine Paris verlassen hat, ist bei Giverny die Normandie erreicht – und damit das Dorf, in dem Claude Monet in seinem Garten die Seerosen malte. Was unter Besuchern bis heute Mode ist. Weiter flussabwärts sind die Ufer steil. Von der Höhe der Côte des Deux Amants geht der Blick bereits nach Rouen. Die normannische Hauptstadt steckt voller Kontraste, inklusive einer zauberhaften Altstadt, quirliger Ausgehmeilen und dem fünftgrößten Hafen Frankreichs. In Schleifen mäandert die Seine nun auf ihre Mündung zu, vorbei an Herrenhäusern, Abteien, Naturschutzgebieten. Den Abschluss setzt die kühne Wiederaufbauarchitektur von Le Havre.

# Giverny  K 5

Giverny (500 Einw.) ist ein Dorf wie aus einem impressionistischen Gemälde: mit Glyzinien an den Fassaden und Stockrosen längs der Bürgersteige. Kein Wunder, dass es Claude Monet hier gefiel. Der Maler und Wegbereiter des Impressionismus lebte 1883 bis 1926 in Giverny.

## Auf den Spuren Monets

Die **Fondation Monet** (84, rue Claude Monet, www.fondation-monet.com, April–Okt. tgl. 9.30–18 Uhr, Kombiticket Haus und Gärten 9,50 €) umfasst Monets Wohnhaus, das legendäre Seerosenatelier und die von ihm angelegten und immer wieder auf die Leinwand gebannten Gärten. Ein Dutzend Gärtner sorgt dafür, dass so etwa der Bambuswald nicht des berühmten Seerosenteichs bemächtigt.

Bliebe für Impressionistenpilger der **Dorffriedhof** hinter der Kirche, auf dem Monet begraben liegt, und das **Musée des Impressionnismes** (99, rue Claude Monet, www.mdig.fr, April–Okt. 10–18 Uhr, 7,50 €). Das Museum zeigt hochkarätige Impressionisten-Ausstellungen. Der Garten davor überrascht mit monochrom bepflanzten ›Blumenzimmern‹. Zum Schluss das **Hôtel Baudy** (81, rue Claude Monet): Eine amerikanische Künstlergemeinde stieg um 1900 in dem ehemaligen Hotel ab. Wer einen Kaffee an der Bar trinkt oder im Restaurant (April–Okt. tgl., Menü ab 30 €) isst, darf den 7000 m² großen Garten besichtigen, der originalgetreu hergerichtet wurde.

### 🏠 Hideaway
**Maison d'hôtes La Réserve**
Fünf mit Sinn fürs Detail eingerichtete Gästezimmer, zwischen Feldern, Apfelbäumen, Wäldern. Die Mischung aus britischem Landhaus und französischer Maison de Campagne versprüht unwiderstehlichen Charme. Giverny? Kann warten.

Fond des Marettes (außerhalb von Giverny, Anfahrt bei Reservierung erfragen, T 02 32 21 99 09, www.giverny-lareserve.com, DZ/F ab 140 €

### 🏠 Cosy & kreativ
**Le Jardin des Plumes**
Es gibt nur acht ausgesprochen charmante Zimmer in der durchgestylten alten Villa (Art déco, Vintage, Design), und die gehen ins Budget. Was auch fürs Restaurant gilt, dessen innovative Küche jedoch jeden Euro wert ist. Tipp: das Einstiegsmenü zu 52 € (außer Sa abends).

1, rue du Milieu, T 02 32 54 26 35, www.lejardindesplumes.fr, Mo, Di geschl., Menüs zu 52, 78 und 98 €, DZ ab 215 €

### ℹ️ Infos
**Bureau d'information touristique:**
37, chemin du Roy, www.cape-tourisme.fr, April–Okt. tgl.

Wie lange die Wassertemperatur mindestens 16 °C betragen muss, damit die **Seerosen** wie auf Monets Bildern blühen? Genau einen Monat, erklärt Gibert Vahé. Der Franzose hat die Leitung des Gartens 2017 wieder übernommen, nach dem Zwischenspiel des Briten James Priest. Monsieur Vahé sorgt dafür, dass das Erbe Monets üppig sprießt, so auch dessen Lieblingsrose »Gruß aus Aachen«.

# Vernon  J 5

Das Seine-Städtchen wurde im Zweiten Weltkrieg stark zerstört, in seinem Zentrum sind zwischen der Kirche Notre-Dame und Office de Tourisme aber doch ein paar Fachwerkzeilen und Palais stehen geblieben. Auch rundherum gibt es einiges zu entdecken.

**Rouen und das Seine-Tal** ▶ Vernon

## Monet, Fortsetzung
So gibt es etwa im **Musée Municipal Alphonse-Georges-Poulain,** einem stolzen Palais aus dem 15.–18. Jh., echte Monets zu sehen, die der Künstler dem Museum einst persönlich vermacht hat, und Bilder von anderen Malern der »Schule von Giverny«.
12, rue du Pont, http://vernon-visite.org/rf2/vernon3.shtml, April–Okt. Di–So 10.30–18, Nov.–März Di–So 14.30–17.30 Uhr, 4,80 €

## Am Stadtrand
Am anderen Flussufer balanciert zwischen zwei Brückenstümpfen aus dem 12. Jh.) eine alte **Fachwerkmühle,** eins der meistfotografierten Motive im Seine-Tal. Etwas weiter am rechten Seine-Ufer liegt das **Château des Tourelles,** dessen wuchtige Türme sich ausgesprochen malerisch im Fluss spiegeln.

Noch ein Feudalbau gefällig? Am südwestlichen Stadtrand erwartet Sie das Barockschloss **Château de Bizy** (D 181, 1,5 km Richtung Pacy-sur-Eure, T 02 32 51 00 82, www.chateaudebizy.com, April–Okt., Führungen um 10.30, 11.15, 14.30, 15.30, 16.30, 17.15 Uhr, 9 €) mit einem imposantem Ehrenhof und Stallungen.

**ÜBRIGENS**

Das Leben ist von Bord eines **Ausflugsschiffs** betrachtet ein langer, ruhiger Fluss mit netten Uferdörfern. Die Schiffe von Rives de Seine-Croisières starten in Poses (30 km flussabwärts) und halten in Les Andelys und Vernon (T 02 35 78 31 70, www.bateau-guillaume-le-conquerant.fr).

### 🍴 Essen wie Monet
**L'Estampille by Erisay**
Die Terrasse ist wie gemalt, das Menü heißt natürlich »Claude Monet«, der Stil in der Küche ist modern und leicht.
6, pl. de Paris, T 02 77 19 00 12, www.restaurantlestampille.fr, formule 20 €, Menü 28–39 €

### 🍴 Unverfälscht
**Le Bistro des Fleurs**
Ehemalige Bar mit alter Theke und tagesfrischer Küche – die wechselnden Gerichte stehen auf der Schiefertafel. Auch Tische im Fachwerkhinterhof.
73, rue Carnot, T 02 32 21 29 19, So/Mo geschl., Menü ab 21 €

*Romantik pur! Der Bau der Mühle von Vernon war eine ziemlich gute Idee. Heute will sie jeder sehen. Und selbst Filmemacher kamen schon angerauscht.*

## Rouen und das Seine-Tal ▶ Évreux

### ❶ Infos
**Office de Tourisme:** 36, rue Carnot, T 02 32 51 39 60, www.cape-tourisme.fr
**Bus:** Nach Giverny ab Bahnhof, April–Okt. 6- bis 8-mal tgl., T 0800 27 27 00

# Évreux 📍 J 5

**Ein Abstecher führt aus dem Seine-Tal nach Évreux (49 400 Einw.). Berühmt ist die Kathedrale – Evreux gilt als einer der wichtigsten Bischofssitze im Land.**

### Im Schatten der Kathedrale
**Notre-Dame d'Évreux** (Rue Charles Corbeau, Mo–Sa 8.45–19, So 8.45–18.30 Uhr) ist eine Kathedrale vom Übergang der Spätgotik zur Renaissance. Der Glockenturm über dem Ufer des Iton ist imposante 73 m hoch. Sehenswert sind die mittelalterlichen Fenster. Auf der Südseite der Kathedrale befindet sich im ehemaligen Bischofspalais aus dem 16. Jh. das **Musée d'Évreux** (6, rue Charles Corbeau, Di–So 10–12, 14–18 Uhr, Eintritt frei). Gezeigt werden gallo-römische Ausgrabungsfunde, mittelalterliche Sakralkunst und Mobiliar des 17.–18. Jh.

### Noch was
Lust, ein bisschen die Füße zu vertreten? Die **Balade de l'Iton** ist ein lauschiger Spazierweg, der am Ufer des Iton lang von der Kathedrale vorbei an der mittelalterlichen Tour de l'Horloge zur Place de Gaulle mit Rathaus und Theater führt.
**St-Taurin** ist wesentlich älter als die Kathedrale. Die ehemalige Abteikirche (10. Jh.) birgt zudem den Reliquienschrein des hl. Taurin (13. Jh.), ein Meisterwerk mittelalterlicher Goldschmiedekunst.
Rue Joséphine, tgl. 8–12, 14–19 Uhr

## SCHLEMMEN, SHOPPEN, SCHLAFEN

### 🛍 Bei der guten Fee
**Fée Maison**
Im Erdgeschoss ein Salon de thé mit Mittagstisch und unvergesslichem Orangenkuchen. Eins drüber zwei zauberhafte Gästezimmer, das Ganze geführt von einer guten Fee namens Ingrid Michiel. Außergewöhnlich!
21, rue du Docteur Oursel, T 02 32 30 24 14, www.feemaisons.com, So, Mo geschl., DZ/F 100 €, Tagesgericht 15 €, Orangenkuchen 6 €

### 🍴 Im Trend
**La Gazette**
Modernes Bistro mit alten Zeitungen an den Wänden. Gekonnt: das Perlhuhn mit Trockenaprikosen und Pistazien.
7, rue St-Sauveur, T 02 32 33 43 40, Sa Mittag, So/Mo geschl., Menü 26 € (in der Woche) bis 54 €

### 🍴 Newcomer
**Ô Saveurs**
Liegt zwar etwas abseits, überzeugt aber mit Gartenterrasse und zeitgemäß leichter Küche.
1, rue du Maréchal Joffre, T 02 32 31 61 05, www.osaveurs-restaurant.com, So abends, Mi geschl., *formule* 18,50 €, Menü ab 29,50 €

### 🍬 Bonbons und Chocolats
**Auzou**
*Der* Chocolatier-Pâtissier von Évreux – süße Verführungen wie Caprices des Ursulines oder Pavés d'Évreux.
34, rue Chartraine, Mo 10–14, 15–19.15, Di–Fr 15–19.15, Sa 9.30–19.30 Uhr

### 🍸 Lounge-Bar
**Le Matahari**
Indische Deko in einem Hangar mit rustikalen Ziegelwänden. Terrasse zum Fluss! Konzerte.
15, rue de la Petite Cité, Mo–Sa 10–1 Uhr

### 🚴 Radfahren
Info über Touren beim OdT. Ein Ausflug lohnt ins Tal des Iton, bis zur Mündung des Flusses in die Eure (12 km).
Radverleih: Cycles Chasserez, 63, rue Isambard, T 02 32 33 32 17, www.cycles-chasserez.fr, Di–Fr 9–12.30, 14–19, Sa bis 18 Uhr

## INFOS UND TERMINE

**Office de Tourisme:** Le Comptoir des Loisirs, 11, rue de la Harpe, 27000

## Rouen und das Seine-Tal ▸ Les Andelys

Évreux, T 02 32 24 04 43, www.grande vreuxtourisme.fr
**Rock in Évreux:** dreitägiges Festival mit internationalen Größen, letztes Juni-Wochenende, www.rockinevreux.org

### IN DER UMGEBUNG

**Zum Hinpilgern**
18 km westlich von Évreux schmiegt sich **Conches-en-Ouche** (H 5), eine ehemalige Pilgeretappe am Jakobsweg, auf einen Hügel. Der Ort hat seinen mittelalterlichen Charme mit Gassen, Fachwerkhäusern, wuchtigem Donjon (11. Jh.) und dem spitzen, 52 m hohen Turm der Kirche Ste-Foy bewahrt (www.conches-en-ouche.fr).

# Les Andelys  J 4

**Les Andelys (8000 Einw.) selbst entpuppt sich als reizendes Provinzstädtchen mit buckeligem Fachwerk und malerischem Treidelpfad. Warum der Plural im Ortsnamen? Es gibt das schmucke Le Petit Andely am Wasser und das etwas schnödere Le Grand Andely 3 km weiter landeinwärts.**

**Die Burg von Richard Löwenherz**
Bleich thront das **Château Gaillard** über dem Seine-Tal. Von der mächtigen Burg, die Richard Löwenherz, Herzog der Normandie und König von England, im Jahre 1196 als Wachturm über dem Tal errichten ließ, schweift der Blick auf die Seine. Der gewaltige Bau ist noch als Ruine beeindruckend.
Mitte März–Mitte Nov. Mi–Mo 10–13, 14–18 Uhr, 3,50 €; Führung 11.30, 14.30, 16.30 (Juli/Aug. auch 15.30 Uhr), 4,50 €

**Zwei Kirchen, ein Museum**
**St-Sauveur** (tgl. 9–18 Uhr) ist die schmucke gotische Pfarrkirche von Le Petit Andely. Auch **Notre-Dame** (tgl. 9–19 Uhr) in Le Grand Andely ist gotisch. Die ehemalige Stiftskirche überrascht zudem mit einem Renaissanceportal und einer Orgelempore aus dem Jahr 1573. Etwas weiter liegt das **Musée Nicolas Poussin** (Rue Ste-Clothilde, T 02 32 54 31 78, www.museenicolaspoussin.fr, Mi–Mo 14–18 Uhr, Okt.–März nur n. V., 3,20 €). Das herrschaftliche Anwesen aus dem 17. Jh. ist dem Maler gewidmet, der 1594 im Seine-Tal zur Welt kam. Neben Werken des Barockkünstlers werden Sakralkunst und normannische Malerei gezeigt.

*Haupt voll Blut und Wunden … In der Kathedrale von Évreux sind eine Menge sehr alter und sehr katholischer Statuen zu bewundern.*

## Rouen und das Seine-Tal ▶ Rouen

### 🏠 Comeback unter neuem Namen
**La Villa Aliénor**
Aus dem schmucken Hôtel de Normandie wurde das noch schmuckere, aufgefrischte Bed & Breakfast La Villa Aliénor. Im Garten säumen Stockrosen und Edelrosen die Kieswege. Die Gästezimmer sind cosy, der Blick auf die Seine weckt Glücksgefühle.
1, rue Grande, T 06 84 07 54 66 (mobil), T 02 32 54 90 13, www.villa-alienor.fr, DZ/F ab 72 €

### 🏠 Charme der Vieille France
**La Chaîne d'Or**
In der ehemaligen Postkutschenstation von 1751 logiert man stilvoll. Eleganter Speisesaal, Blick auf die Seine. Zu den Spezialitäten gehören Austern mit Rettich oder gegrillte Scampi *(langoustines)* mit eingelegten Limonen.
27, rue Grande, T 02 32 54 00 31, www.hotel-lachainedor.com, DZ 99–159 €, Restaurant So abends, Di, Mi geschl., Menü 31 € (Di–Sa Mittag) bis 68 € (abends)

### 🍴 It's tea time!
**Fort de Thé**
Tee, Kuchen, Bioplätzchen *fait maison*, ein Salon in Rosa und Grau, dazu eine winzige Terrasse und ein Gärtchen. Die Mischung macht's.
3, rue Richard Coeur de Lion, T 02 32 54 03 67, Mitte April–Nov. Mi–Sa 14–19 Uhr

### ℹ️ Infos
**Bureau d'information touristique:**
2, rue Grande, T 02 32 21 31 29, www.cape-tourisme.fr

Claude Chabrol hat für seine Verfilmung von »Madame Bovary« **Lyons-la-Forêt** (📖 J 3) gewählt. Den Autor des Romans, Gustave Flaubert, inspirierte hingegen das ebenfalls hübsche Straßendorf **Ry** (📖 J 3), 18 km in nordwestlicher Richtung, zu seiner Geschichte.

### IN DER UMGEBUNG

#### Aussichten an der Seine
Von **La Roquette** ist der Blick auf die Seine ausgesprochen malerisch (📖 J 3/4). **Andé** ist für klassische Konzerte in einer Mühle aus dem 12. Jh., Open-Air-Jazz und Filmabende bekannt (Musique au Moulin, T 02 32 59 90 89, www.moulinande.com). Ein reizvoller Aussichtspunkt an der **Côte des Deux Amants** erhebt sich über der Mündung der Andelle in die Seine. Ein Abstecher durch das Tal der **Andelle** führt an der Zisterzienserabtei von **Fontaine-Guérard** vorbei zum zauberhaften Fachwerkdorf **Lyons-la-Forêt** mit seiner alten Markthalle (www.paysdelyons.com). Zurück ins Seine-Tal: Kurz vor Rouen machen sich am linken Ufer die Felsen der **Roches d'Orival** wichtig. Über der Uferkante verläuft der Fernwanderweg GR 2 – mit Blick auf den Fluss.

# Rouen 📖 H 3

**Kommt man über eine der Seine-Brücken nach Rouen, der Hauptstadt der Normandie, reihen sich zunächst banale Nachkriegsbauten am Seine-Ufer. Dann fädelt man in eine Fachwerkzeile (▶ S. 24) ein, steht auf einem lauschigen Platz und irgendwann vor der grandiosen Kathedrale.**

Rouen (110 000 Einw.) bleibt eine der schönsten Überraschungen jeder Normandiereise. Es heißt, die Einwohner seien erzkonservativ – dem lebendigen Straßentreiben tut das keinen Abbruch, denn die Universität hat den Drang der Jugend nach Paris gestoppt. Und: Rouen ist trotz der Entfernung zur Küste eine Hafenstadt. Dank der Gustave-Flaubert-Brücke können sogar große Schiffe wie die Dreimaster, die zur spektakulären Windjammerparade »L'Armada« kommen, vor der Silhouette der Kathedrale festmachen (www.armada.org, nächster Termin 6.–16. Juni 2019).

**Rouen und das Seine-Tal ▶ Rouen**

## WAS TUN IN ROUEN?

### Durch die Altstadt bummeln
Alle Gassen führen irgendwann vor das imposante Westwerk der **Kathedrale Notre-Dame** 1 (ganzjährig Mo 14–18, Di–Sa 9–12, 14–18, So 8–18 Uhr). Links springt die frühgotische Tour St-Romain ins Auge. Die Mitte markieren drei Portale, darüber ein kostbarer Tympanon, eine Fensterrosette und Statuen. Rechts findet sich die Tour de Beurre – angeblich aus Geldern bezahlt, die die Bürger für das Privileg des Butterkonsums während der Fastenzeit zahlten. Im Chorumgang verblüffen die lebensechten Liegefiguren von Richard Löwenherz und Rollo, erster Herzog der Normandie, sowie die mittelalterlichen Glasfenster und die romanische Krypta. Verlässt man die Kathedrale, schaut man auf das **Bureau des Finances** 2 (25, pl. de la Cathédrale). Der mit Medaillons, Putti und Grotesken geschmückte Renaissancebau aus dem 16. Jh. beherbergt das Office de Tourisme. Einen schönen Blick auf den Turm mit seiner 151 m hohen Spitze von 1884 hat man von der **Cour d'Albane** auf der Nordseite. Ein weiteres Wahrzeichen ist **St-Maclou** 3 (Pl. Barthélemy, Sa–Mo 10–12, 14–18, Nov.–März nur bis 17.30 Uhr). Die gotische Pfarrkirche zeigt Portale mit reichem Renaissance-Schnitzwerk. Es folgt eine dritte Kirche, die **Abbatiale St-Ouen** 4 (Pl. du Général de Gaulle, Di–Do, Sa/So 10–12, 14–18, Nov.–März nur bis 17 Uhr). In der 750 gegründeten Benediktinerabtei mit Kirche aus dem 14.–16. Jh. und Resten des barocken Klosters ist heute das Rathaus untergebracht.

## MUSEEN, DIE LOHNEN

### Museum der Meister
Die Strahlkraft des **Musée des Beaux-Arts** 5 (Espl. Marcel Duchamp, www.mbarouen.fr, Mi–So 10–18 Uhr, Eintritt frei) reicht weit über die Grenzen der Normandie hinaus. Neben Gemälden

**Cathédrale de lumière:** Von Mitte Juni bis September wird mit Einbruch der Nacht auf die Fassade der Kathedrale ein farbfrohes Spektakel projiziert, dessen Thema von den Wikingern zu Jeanne d'Arc wechselt. Ab-so-lut sehenswert!

von Caravaggio, Velázquez, Delacroix und Géricault lockt die ›Salle des Impressionistes‹ mit Werken von Monet, Sisley, Renoir. Einen Stopp lohnt auch das **MBA-Café** im überglasten Innenhof des Museums, in dem man wie in einem großzügigen Wintergarten sitzt und von Statuen umringt eine Kleinigkeit essen kann (Mi 10–14, Do–Mo 10–15 Uhr, Zugang auch ohne Eintrittsticket).

### Fayence forever
Zart der Dekor, nobel die Scherbe – das **Musée de la Céramique** 6 zeigt Fayencen aus Rouen sowie Stücke aus Delft, Nevers und Moustiers. Und allein der Bau: ein Stadtpalais aus dem 18. Jh. mit Barockgarten!
1, rue Faucon, www.museedelaceramique.fr, Mi–Mo 14–18 Uhr, Eintritt frei

### Postkartenmotiv Nr. 1
Von keiner anderen Sehenswürdigkeit werden mehr Postkarten verkauft: **Le Gros Horloge** 7 ist ein Uhrturm, der es in sich hat: Auf der Ostseite zeigt sich das Renaissance-Uhrwerk mit von Figuren und Symbolen besetztem Schaublatt, auf der Westseite das Haus des Verwalters (16.–17. Jh.) samt Rokokobrunnen. Die Schafe im Bogen symbolisieren den Reichtum der einstigen Wollweberstadt Rouen. Drinnen wartet ein Museumsparcours mit zwölf Stationen – der vom Altstadtblick von der Terrasse noch getoppt wird.
April–Juni, Sept./Okt. Di–So 10–13, 14–19, Nov.–März Di–So 14–18 Uhr, 7 €

### Flaubert, Vater und Sohn
Im **Musée Flaubert et d'Histoire de la médecine** 8 sind Geburtszimmer und Erinnerungsstücke des Schriftstellers Flaubert zu sehen. Dazu die Sammlung von Hebammenutensilien und chirurgischen Bestecken aus dem Hôtel-Dieu, wo Flauberts Vater als Chirurg praktiziert hat.
51, rue de Lecat, www.rouen.fr/medecine, Di 10–18, Mi–Sa 14–18 Uhr, 4 €

### Auf den Spuren der Jungfrau
Auf der Fachwerkhäusern gesäumten Place du Vieux-Marché, wo Jeanne d'Arc am 30. Mai 1431 den Feuertod starb, springt die futuristische **Église Ste-Jeanne-d'Arc** 9 ins Auge (1979, Fenster 16. Jh. aus der zerstörten St-Vincent-Kirche). Integriert in die Konstruktion sind die **Markthallen** 🅘. Ihr Scheiterhaufen ist mit einem Monument, **Le Bûcher de Jean-**

# ROUEN

### Sehenswert
1. Kathedrale Notre-Dame
2. Bureau des Finances
3. St-Maclou
4. Abbatiale St-Ouen
5. Musée des Beaux-Arts
6. Musée de la Céramique
7. Le Gros Horloge
8. Musée Flaubert et d'Histoire de la médecine
9. Église Ste-Jeanne-d'Arc
10. Platz des Scheiterhaufens (Bûcher de Jeanne d'Arc)
11. Palais de Justice
12. Historial Jeanne d'Arc
13. Panorama XXL
14. Rue du Petit Mouton
15. Demeure de Guillaume de Maronne
16. Eckhaus Rue Dinanderie/Rue des Bons Enfants
17. Hôtel de Girancourt
18. Musée National de l'Éducation
19. Passage de la Petite Horloge
20. Aître St-Maclou

### In fremden Betten
1. Hôtel de la Cathédrale
2. Chambres des Carmes
3. Le Vieux Carré

### Satt & glücklich
1. La Couronne
2. Le P'tit Zinc
3. La Place
4. Brasserie Paul
5. Pâtisserie Yvonne

### Stöbern & entdecken
1. Markthalle (Les Halles)
2. Auzou
3. Fayencerie Augy
4. Fromagerie Olivier
5. Rue Damiette

### Wenn die Nacht beginnt
1. Le Vicomté
2. L'Emporium Galorium
3. The Nash Café

### Sport & Aktivitäten
1. Embarcadère Jean Ango

---

ne d'Arc 10, markiert. Der Prozess wurde ihr im spätgotischen **Palais de Justice** 11 gemacht, in dessen Hof sich Reste einer Synagoge oder Schule mit hebräischen Grafitti befinden. Und das **Historial Jeanne d'Arc** 12 präsentiert Leben und Werk der Nationalheiligen mit modernster Multimedia-Technologie (7, rue St-Romain, www.historial-jeannedarc.fr, Di–So 10–19 Uhr, Eintritt 10,50, erm. 7,50 €).

### Bigger than life
Für Rouens jüngste Attraktion spaziert man die Seine flussabwärts. Das **Panorama XXL** 13 ist eine 35 m hohe Rotunde, in der monumentale Panoramen von Yadegar Asisi gezeigt werden: seit 2016 »Rouen 1431«, mit anderen Worten: die Stadt zu Zeiten von Jeanne d'Arc.

Quai Boisguilbert, www.panoramaxxl.com, Mai–Sept. Di–So 10–19, sonst 10–18 Uhr, 9,50 €, erm. 6,50 €, Familienpass »Tribu« 26 €

# Auf dem Holzweg – in der Altstadt von Rouen

**Der Grund für den Fachwerkboom, der die Städte der Normandie prägt: Wälder gab es in der Normandie reichlich, besonders im Seine-Tal. So wurde Rouen zur Fachwerkmetropole der Region. Rund 5000 Holzbauten soll die Stadt einmal gezählt haben. Etwa 2000 sind erhalten, die meisten wurden liebevoll saniert.**

## Lasst Geranien sprechen

Es geht blumig los. Geranien borden an der Place du Vieux Marché am mutmaßlich ältesten Gasthaus Frankreichs über ihre Kästen. Der imposante Fachwerkbau mit dem Restaurant **La Couronne** ❶ (Nr. 31) stammt von 1345! Wie sehr Rouen auf sein Fachwerkerbe achtet, sieht man auf der Westseite des Platzes (Nr. 43, 45, 49). Die drei herausgeputzten Fachwerkbauten stehen erst seit 1979 hier, nachdem sie zuvor an anderer Stelle abgebaut worden waren.

An der Place de la Pucelle findet sich zwischen Fachwerkbauten des 17.–19. Jh. eines der ältesten Häuser der Stadt. Die **Demeure de Guillaume de Maronne** 15 (Nr. 27) stammt aus dem Jahr 1431, natürlich auch Fachwerk. Was vergessen? Halt, ja: Der verkehrsberuhigte Platz ist Treffpunkt von Rouens kreativer Szene. In den Cafés ringsherum geht es entsprechend bunt zu.

## Gesetzlich verordnete Abrisswut

Viele Fachwerkbauten gingen im 19. Jh. verloren, als die Loi d'Alignement erlassen wurde. Das Gesetz schrieb vor, die Häuser einer Straße auf gleiches Fassadenmaß zu bringen. Besonders Häuser mit auskragenden Stockwerken fielen diesem Gesetz zum Opfer. Das **Eckhaus Rue Dinanderie/Rue des Bons Enfants** 16 ist der Abrisswut entgangen. Gauben und gotische Holzfialen aus der Zeit um 1500 wurden saniert. Nobel wird es in der Rue St-Patrice. Ein Stadtpalais mit reich geschnitztem

Zu den ältesten Fachwerkbauten von Rouen zählt ein Haus in der krummen **Rue du Petit Mouton** 14 (das Haus hat keine Nummer: es liegt im Knick der Gasse, man erkennt es am auskragenden Obergeschoss): Drei Jahre lang wohnte Simone de Beauvoir, damals Lehrerin in Rouen, in dem mittelalterlichen Gemäuer, das ein Stundenhotel war. Nachzulesen in »La force de l'âge«.

**Altstadt von Rouen** #1

*Das haben wir ja schon immer gewusst: Das Leben ist am schönsten, wenn es als Caféterrasse daherkommt. Etwas Fachwerk kann dabei nicht schaden.*

Holzbalken und schmiedeeisernem Balkon reiht sich ans nächste, darunter als Nr. 48 das **Hôtel de Girancourt** [17] aus dem frühen 17. Jh.

## Im Gerberviertel

Durch die Rue Eau-de-Robec fließt ein Bach, in dem die Gerber und Färber einst Lederhäute und Stoffe wuschen. Um die Ware zu trocknen, wurden die Häuser mit Trockenböden ausgestattet, deren Luken und Öffnungen noch deutlich zu erkennen sind. Auch das **Musée National de l'Éducation** [18] in Nr. 185 ist hinter einer auskragenden Fachwerkfassade (14. Jh.) untergebracht. Es erzählt die Geschichte von Erziehung und Schule seit dem 16. Jh.

In Nr. 160 öffnet sich die **Passage de la Petite Horloge** [19], ein Fachwerkhof mit Turmuhr, der als Durchgang zur mit Fachwerkbauten gesäumten Rue des Faulx dient. Die **Rue Damiette** [5] war vor 30 Jahren die erste sanierte Fachwerkmeile der Stadt. Heute ist die zauberhafte Straße fest in der Hand von Antiquitätenhändlern.

## Tanzende Skelette

Es wird spooky. Der **Aître St-Maclou** [20] ist ein ehemaliger Friedhof mit Fachwerkgalerien (1526–33), die als Knochenhaus für die Opfer der Schwarzen Pest von 1348 errichtet wurden. Von der ursprünglichen Funktion der Hofanlage zeugt an den Wänden eine geschnitzte »Danse macabre« (Totentanz) – in wildem Reigen tanzen die Skelette weltlicher wie kirchlicher Würdenträger.

**INFOS UND ÖFFNUNGSZEITEN**

**Musée National de l'Éducation** [18]: 185, rue Eau de Robec, www.reseau-canope.fr/musee, Mo, Mi–Fr 13.30–18.15, Sa/So 10–12.30, 13.30–18.15 Uhr, frei
**Aître St-Maclou** [20]: Zugang über 186, rue Martainville, bei laufender Restaurierung ganzjährig nur Mo–Fr 9–17 Uhr

**KULINARISCHES FÜR ZWISCHENDRIN**

Das gediegene **La Couronne** [1] ist Frankreichs ältestes Gasthaus, und gleichzeitig ein Fachwerkjuwel. Passt also perfekt zur Tour. Wie auch die Küche, die klassisch-normannisch ist (31, pl. du Vieux-Marché, T 02 35 71 40 90, *formule* mittags 25 €, Menü 37–55 €).

**Faltplan: H 3 | Cityplan: S. 23 | Stadtspaziergang ca. 3 Std.**

## SCHLEMMEN, SHOPPEN, SCHLAFEN

### In fremden Betten

**Versteckt und still**
#### Hôtel de la Cathédrale
In der Altstadt, still in einem heimeligen Innenhof gelegen.
12, rue St-Romain, T 02 35 71 57 95, www.hotel-de-la-cathedrale.fr, DZ ab 90 €

**Einfach gut**
#### Chambres des Carmes
Zwei lichte, moderne Gästezimmer an einem der nettesten Plätze der Stadt. Kein Frühstück.
33, place des Carmes, T 02 35 71 92 31, www.hoteldescarmes.com, DZ 70–90 €

**Hideaway**
#### Le Vieux Carré
Ländlich wirkt der grüne Hof in der Altstadt von Rouen, so wie das in Hufeisenform um den Hof angeordnete Gemäuer viel vom Charme der ländlichen Normandie in die Hauptstadt der Region transportiert. Die Zimmer sind modern möbliert, manche klein.
34, rue Ganterie, T 02 35 71 67 70, www.hotel-vieux-carre.com, DZ ab 68 €

*Mal kein Bild von Monet, sondern eins von der französischen Post. Aber selbst auf der Briefmarke kommt Rouens Kathedrale gut raus.*

## Satt & glücklich

**Bistro forever**
#### Le P'tit Zinc
Das einladendste Bistro der Stadt, wegen der sonnigen Lage an der Place du Vieux-Marché, wegen der alten Theke, wegen der flotten Karte.
20, place du Vieux-Marché, T 02 35 89 39 69, So geschl. Bestellung bis 22.30 Uhr, *formule* 22, Menü ab 27 €

**Große Handschrift**
#### La Place
Das schicke Neo-Bistro ist Zweitrestaurant von 2-Sterne-Koch Gilles Tournadre. Französisch-asiatische Küche.
26, place du Vieux-Marché, T 02 35 71 97 06, So, Mo geschl., *formule* 19, Menu 25 €

**Vorzimmer zur Kathedrale**
#### Brasserie Paul
Hier haben schon Simone de Beauvoir, Monet, Guillaume Apollinaire und Marcel Duchamp gesessen. Das Lokal gegenüber Notre-Dame ist so etwas wie das Vorzimmer der Kathedrale.
1, place de la Cathédrale, T 02 35 71 86 07, tgl. 9–2 Uhr, *formule* 18, Menü 27 €

## Stöbern & entdecken

**Alles, was schmeckt**
#### Markthalle
Tolles Angebot an Käse, Butter, Obst, Gemüse, Geflügel, Cidre …
Pl. du Vieux-Marché, Di–So 7–13.30 Uhr und Pl. St-Marc, Di, Fr, Sa 6–18, So 6–13.30 Uhr

**Süßes**
#### Auzou
Kalorienschweres wie Karamellbonbons, Agneau Rouennais oder Larmes de Jeanne.
163, rue du Gros Horloge

**Zerbrechlich**
#### Fayencerie Augy
Geschirr, Lampen etc. aus Fayence und handbemalt.
26, rue St-Romain, tgl. außer So

**Rouen und das Seine-Tal** ▶ Le Havre

### Käse
**Fromagerie Olivier** 4
Alle Käsesorten der Normandie und viele aus dem Rest Franreichs.
40, rue de l'Hôpital, So geschl.

### 🌟 Wenn die Nacht beginnt

Umtriebig sind die Gassen im St-Maclou-Viertel und die Place du Vieux-Marché sowie die Kais am rechten Seine-Ufer.

#### Auf fünf Etagen
**Le Vicomté** 🌟
Mit Terrasse für den *apéritif*, Billard und Restaurant, DJ-Events im Untergeschoss.
70, rue de la Vicomté, www.levicomte-rouen.com, Bar Mo–Sa 18–2, Club Fr, Sa 22.30–2 Uhr

#### Mit Programm
**L'Emporium Galorium**
Musical, Shooter-Night, Konzerte … es ist viel los hinter dem alten Fachwerk.
151, rue Beauvoisine, fb.com/EmpoGalorium, Di, Mi 20–2, Do–Sa 20–3 Uhr

#### The trendiest place to be
**The Nash Café** 🌟
Cocktails, Tapas, eine kleine Speisekarte, Bänke im Zebrafell-Look und Dancefloor zu fortgeschrittener Stunde.
97, rue Écuyère, www.nashcafe.com, Mo–Fr 11–2, Sa, So 18–2 Uhr

### 🏅 Sport & Aktivitäten

#### Hafenbesichtigung
**Embarcadère Jean Ango**
Bootstour durch Frankreichs wichtigsten Getreidehafen.
Quai Boisguilbert, Mitte April–Okt. Mi, Mai–Okt. auch Sa 14.30 Uhr, 13,50 €, Reservierung über Office de Tourisme

### INFOS

**Office de Tourisme & Congrès Rouen-Normandie:** 25, pl. de la Cathédrale, T 02 32 08 32 40, www.rouentourisme.com, »Mon Pass en liberté« mit Ermäßigungen 10 €

»Comtesse de Paris«, eine Art Windbeutel mit Cremefüllung, heißt eine der Spezialitäten in der **Pâtisserie Yvonne** 5. Den dazugehörigen Salon de thé hat Modedesigner Nicolas Le Cauchois als »Lounge mit großmütterlichem Charme« designt (119, rue Jeanne d'Arc, Mo–Fr 6–20.30, Sa 6.30–20.30 Uhr).

**Les Fêtes Jeanne d'Arc:** Mai. Stadtfest zu Ehren der hl. Johanna.

### IN DER UMGEBUNG

#### Zwei Abteien und ein Herrenhaus
In weiten Schleifen mäandert die Seine zum Meer. Auf ihrem Weg trifft man in St-Pierre-de-Manneville auf den kostbar möblierten **Manoir de Villers** (📍 H 3) (16. Jh., www.manoirdevillers.com, April–Okt. Sa 14.30–17.30, So 15–18.30 Uhr, 7 €), die romanische **Abteiruine von Jumièges** (📍 H 3, www.abbayedejumieges.fr, Mitte April–Mitte Sept. 9.30–18.30, sonst 9.30–13, 14.30–17.30 Uhr, 6,50 €) und die gotische **Abteiruine von St-Wandrille** (📍 H 3, www.st-wandrille.com, 5.15–13, 14–21.15 Uhr, Führungen April–Juni, Sept./Okt. 15.30, Sa/So auch 11.30, Juli/Aug. tgl. 11.30, 15, 16 Uhr, 4,50 €). 40 km weiter kann man rechts der Seine bei **Marais Vernier** durch den Sumpf radeln (▶ S. 28).

# Le Havre 📍 F 3

Für die einen ist die Hafenstadt an der Seine-Mündung ein Amoklauf in Beton, für die UNESCO zählt die nach dem Zweiten Weltkrieg entschieden modern wiederaufgebaute Stadt seit 2005 zum Welterbe (▶ S. 32). Im alten Hafen wächst

# Durch den Sumpf – **Radtour im Marais Vernier**

**In der Eiszeit wechselte die Seine den Lauf und hinterließ eine hufeisenförmige Schleife mit ca. 9 km Durchmesser. In ihrem Innern entstanden die 4500 ha großen Sümpfe des Marais Vernier und damit ein Naturparadies.**

## Durch Apfelwiesen

Reetdächer ducken sich tief weg. Die Weiden sind fett, die Apfelbäume knorrig und krumm. Schnurgerade ist dagegen die Hauptstraße in **Ste-Opportune-la-Mare** 1, wo die Radtour beginnt. Das für den Marais Vernier typische, lang gezogene Straßendorf ist für seine Obstbauernhöfe bekannt – Apfelblüte im April! Apfelwiesen und Weiden ringsherum sind das Ergebnis einer Kultivierung des Sumpfes, zu der auch Deiche und Kanäle gehören. Die amphibische Landschaft steht als Teil des **Parc naturel régional des Boucles de la Seine Normande** unter Naturschutz.

Die bekannteste Apfelsorte des Marais Vernier? Heißt Pomme Rever, benannt nach einem Pfarrer, der den Apfel hier eingeführt hat. Der Baum hat viel Konkurrenz. Bei der **Fête de la Pomme** Anfang Oktober in Ste-Opportune-la-Mare werden an die 50 lokale Apfelsorten präsentiert.

## Am Ufer der Seine

Vorbei an Teichen mit Entengrütze radeln Sie nach **Quillebeuf** 2. Im verbummelten Dorf sitzen Sie hübsch an der Seine, schauen auf die Raffinerien am gegenüberliegenden Ufer und bestaunen die romanische **Kirche Notre-Dame-du-Bon-Port** sowie einige stolze Fassaden, die mit dem Geld der reichen Flussschiffer errichtet worden sind. Besonders prächtig: die **Maison Henri IV** in der Grand Rue 80–82.

## Picknick mit 360°-Panorama

Pappelreihen und Korbweiden weisen den Weg nach **St-Samson-de-la-Roque.** Vom Dorf führt ein Schlenker nach Norden zum aufgegebenen Leuchtturm an der **Pointe de la Roque** 3, einer 50 m hohen Klippe mit Blick über die Seine. Picknicktische laden zum Verweilen ein. Nur Pause ist aber nicht. Denn was zu Lernen gibt es auch:

# Radtour im Marais Vernier #2

Auf Tafeln werden die Launen der Seine und die Versuche des Menschen erklärt, die Versandung der Mündung einzudämmen.

## Blumen auf dem Dach

Reetdachkaten, Apfelwiesen und Blumen, die aus jeder Ritze sprießen: **Le Marais-Vernier** 4 ist das schönste Dorf weit und breit. Gelbe Iris krönt die Dächer – zur Zierde und weil so Wasser aus dem Reet gezogen wird. Hinter den Giebeln zeigt **La Côte**, ein Steilhang, die ehemalige Uferkante der Seine an. Vor den Häusern verlaufen Wiesen und Schilf ins Unendliche. Verloren im Grün grasen frei laufende Pie-Normande-Kühe, der Stolz des Marais Vernier.

## Die normannische Camargue

Am Teich **La Grande Mare** 5 erinnert der Marais Vernier an die Camargue. Naturschützer haben einen Holzturm für Birdwatcher errichtet (frei). Durch das Fernglas schauen Sie dort Enten, Gänsen, Reihern und Kormoranen aufs Gefieder. Gegenüber sehen Sie die Dächer von Ste-Opportune-la-Mare, wo die Tour begonnen hat.

Was Camargue-Pferde, Shetland-Schafe oder schottische Highland-Rinder im Marais Vernier verloren haben? Die Tiere tragen durch ihr Grasen zum Erhalt der Kulturlandschaft bei. Weshalb man sie der nicht ganz so gefräßigen normannischen Pie Normande kräftig Konkurrenz auf Weide und Deich machen lässt.

---

**INFOS/ÖFFNUNGSZEITEN**

**Office de Tourisme du Canton de Quillebeuf sur Seine:** Bourneville-Ste-Croix, 6, Grand Rue, T 02 32 57 32 23, www.tourisme-quillebeuf.com. Infos zu den Orten des Marais Vernier, Radkarten

**TERMINE**

**Fête de l'Étampage:** 1. Mai. Großes Fest anlässlich der Brandmarkung der Rinder im Marais Vernier
**Fête de la Pomme:** Apfelfest in Ste-Opportune-la-Mare am 1. So im Okt.

**KULINARISCHES FÜR ZWISCHENDRIN**

»Alles vom Hof« lautet das Erfolgsrezept für die Table d'hôte des **B&B Les Cicognes** 1. Schmeckt man und bleibt vielleicht, um in einem der fünf Gästezimmer des liebevoll sanierten Reethofs zu übernachten. Mit Außenjacuzzi und Radverleih (211 bis chemin du Roy, Le Marais Vernier, T 02 32 42 88 92, www.211bis.fr, DZ/F 69 €, *table d'hôte* 20 €, vorher reservieren)!

**Faltplan: G 3 | Route: ca. 42 km, 1 Tag**

derweil ein neues Le Havre: Nach dem Ende der Werften entstehen in den Docks neue Ausgehmeilen.

### Ein Rest altes Le Havre

Die **Kathedrale Notre-Dame** 1 (Rue de Paris) stammt aus der Zeit von Spätgotik und Renaissance. Nach 30 Jahren Restaurierung (nur ein Arbeiter war dafür angestellt) wirkt das alte Gotteshaus noch immer wie ein Fremdkörper in der modernen Stadtlandschaft. Auch die **Maison-Musée de l'Armateur** 2, ein imposantes Reederpalais des 18. Jh. mit sehenswertem fünfstöckigen Galerie- und Lichthof, vermittelt eine Idee von der Stadt, die Le Havre einmal war (3, quai de l'Île, Mi–Mo 10–12.30, 13.45–18, Nov.–März 10.30–12.30, 13.45–17.30 Uhr, 7 €).

### Docks reloaded

Containerschiffe und Passagierdampfer legen schon lange nicht mehr an den Kais des Bassin de Commerce, Bassin Vauban, Bassin des Docks an. Doch in den aufgelassenen Docks und Hangars startet Le Havre ins 21. Jh. durch. Die **Docks Océane** 1 (www.dockslehavre.com) am Quai Frissard wurden in ein hypermodernes Veranstaltungszentrum mit modularer Bühne verwandelt. In direkter Nachbarschaft lockt das Einkaufszentrum **Docks Vauban** 2 (www.docksvauban.com) samt Kino. Ein Hingucker ist die **Nationale Seefahrtsschule ENSM** 3 (École Nationale Supérieure Maritime, www.supmaritime.fr/campus-ensm/sites/le-havre.html), ein schnittiger Bau in Form eines Schiffsbugs. An den Quai de la Réunion hat Stararchitekt Jean

---

**ÜBRIGENS**

Wer sich einmal von einem Coiffeur im Matrosenkostüm frisieren lassen möchte, ist im **Salon des Navigateurs** 1 richtig (1, rue du Petit Croissant, Di–Fr 9.30–12, 14–18.30, Sa 9.30–12 Uhr). Inhaber Daniel Lecompte hat einst auf dem Transatlantikdampfer »France« die Schere geschwungen. In seinem Salon wartet der Kunde im Deckchair oder besichtigt die Sammlung zu Marine- und Friseurwesen.

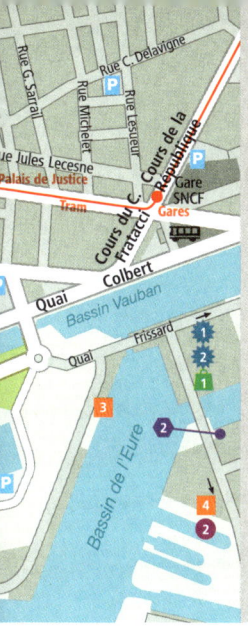

## LE HAVRE

### Sehenswert
1. Kathedrale
2. Maison-Musée de l'Armateur
3. Nationale Seefahrtschule ENSM
4. Jardin fluvial St-Nicolas
5. Porte Océane
6. Hôtel de Ville
7. Appartement Perret
8. Le Volcan
9. Musée Malraux
10. Kirche St-Joseph

### In fremden Betten
1. Le Vent d'Ouest
2. Art Hôtel

### Satt & glücklich
1. Le Bistrot des Halles

2. Les Grands Bassins
3. Cafeteria im Musée Malraux

### Stöbern & entdecken
- Docks Vauban

### Wenn die Nacht beginnt
1. Docks Océane
2. Carré des Docks
3. L'Abri Côtier

### Sport & Aktivitäten
1. Salon des Navigateurs
2. Les Bains des Docks
3. Ausflugsschiff Havre II
4. Piscine du Club nautique

---

Nouvel das spacige Wellnesscenter mit olympiareifem Schwimmbad **Les Bains des Docks**  gesetzt. Und im **Jardin fluvial St-Nicolas** 4 am Quai Renaud und Quai du Brésil müssen die Bäume noch etwas wachsen, aber die Lage am Wasser lockt schon jetzt zum Chillen, Joggen, Biken.

### Bootstour im Hafen
Le Havre besitzt den wichtigsten Getreide- und zweitwichtigsten Erdölhafen Frankreichs! Alle 75 Sek. wird ein Containerschiff an den insgesamt 27 km langen Kais entleert. Besichtigung an Bord der **»Havre II«**  (Port de Plaisance, Digue Olsen, www.visiteduport-lehavre.fr, 1,5 Std., März–Okt., 14 €) oder mit dem Bus, über Office de Tourisme.

### Ein Hauch Sommerfrische
**Ste-Adresse** (🗺 F 3), der Badevorort im Westen bietet 1900-Villen und einen Aussichtspunkt über der Klippenküste (Rue du Président Felix Faure). Auf den Fundamenten eines Forts wurden die **Jardins suspendus** angelegt mit Themengärten nach Kontinenten.
Mai–Mitte Juni Mo–Fr 13–20, Sa/So 10.30–20, Mitte Juni–Sept. tgl. 10.30–20 Uhr, Okt.–April Mo–Fr 13–17, Sa/So 10.30–17 Uhr, gratis, Gewächshäuser 2 €

---

## SCHLEMMEN, SHOPPEN, SCHLAFEN

### 🏠 In fremden Betten

#### Ahoi!
**Le Vent d'Ouest** 1
Zentral mit Blick auf St-Joseph. Mit Liebe zur See eingerichtete, maritim gestylte Zimmer, Bibliothek-Salon.
4, rue Caligny, T 02 35 42 50 69, www.ventdouest.fr, DZ 103–154 €

#### Puristisch und cool
**Art Hôtel** 2
Das Gebäude gehört zum Welterbeensemble. Modern eingerichtete Zimmer.
147, rue Louis Brindeau, T 02 35 22 69 44, www.art-hotel.fr, DZ 89–159 €

---

### 🍴 Satt & glücklich

#### An der Markthalle
**Le Bistrot des Halles** 1
Klassische, zuverlässig gute Bistroküche (Tartar, Salate, Muscheln, Entenbrust

# Wiederaufbau – modernes Wohnen in Le Havre

**Le Havre galt unter Architekturfans lange als Geheimtipp: Stararchitekten wie Auguste Perret (1874–1954) und der Brasilianer Oscar Niemeyer (1907–2012) haben die im Zweiten Weltkrieg zerstörte Stadt wiederaufgebaut. 2005 wurde deren Liebeserklärung an den Beton auf die UNESCO-Liste des Weltkulturerbes gesetzt.**

## Tor zum Ozean

Die Avenue Foch ist die Magistrale des Wiederaufbaus. Die 80 m breite Straße öffnet sich nach Westen mit einem monumentalen Platz. Zwei Turmbauten von Auguste Perret bilden an den Ecken die **Porte Océane** 5, das Tor zum Ozean. Die Prachtmeile aus den 1950er-Jahren ist klar zweigeteilt. Stadteinwärts reihen sich auf der linken Seite Wohnriegel, die sich architektonisch an den Art-déco-Stil der 1930er-Jahre anlehnen. Fenstertüren, Balkone, Eichenparkett und Wohnflächen von 100–240 m² prädestinierten die Wohnungen für Besserverdienende. Auf der rechten Seite sind die Fassaden schlichter und die Fenster kleiner – hier wohn(t)en eher Kleinverdiener.

## Aus der Vogelperspektive

Ein Wahrzeichen von Le Havre ist das **Hôtel de Ville** 6 mit dem 74 m hohen Rathausturm von Jacques Tournant, der an stalinistische Zuckerbäckerbauten erinnert. Von der Aussichtsplattform im 17. Stock überschaut man das gesamte Weltkulturerbe zwischen Bassin du Commerce im Osten, Jachthafen im Westen, Hôtel de Ville im Norden und Musée Malraux im Süden (Aussichtsterrasse bei Führungen des Office de Tourisme zugänglich).

## Modernes Wohnen

Das **Appartement Perret** 7 ist nach dem maßgeblichen Architekten des Wiederaufbaus be-

Le Havre ist **Hafenstadt**. Das verpflichtet, klar doch! Blaue Polster vor weißer Wand und Schiffsplankenparkett prägen daher das Interieur der von Auguste Perret entworfenen Musterwohnungen. Willkommen an Bord.

**Modernes Wohnen in Le Havre** *#3*

nannt. Es liegt im Steingebirge der Immeubles Sans Affections Individuelles (ISAI) an der Rue de Paris, die das Büro Perret 1946 in ihren Grundzügen entworfen hat. Hinter den in Stahlskelettbauweise errichteten Riegeln und Hochhäusern verbergen sich funktional aufgeteilte Wohnungen mit eigens entworfenen Möbeln, die aus den Ateliers der Innenarchitekten und Designer René Gabriel und Marcel Gascoin stammen.

Sie betreten die im ersten Stock gelegene Musterwohnung durch ein von einer nackten Betonsäule getragenes Entree. Alle drei Schlafzimmer gehen zum Innenhof, Küche, Wohnzimmer und Büro zur helleren Straßenseite. Das Wohn-Esszimmer ist das Herz der Wohnung, eingerichtet mit schlichten Fauteuils. Schiebbare Falttüren zum angrenzenden Büro und zur Küche erlauben es, Weite in die Wohnung zu bringen.

Die Küche verblüffte Zeitgenossen mit einer weißen Einbauzeile inklusive Hängeschränken und Edelstahl-Waschbecken. Auf dem Regal über dem Gasherd thront ein TSF-Radiogerät (Téléphonie Sans Fil), das damals in keinem modernen Haushalt fehlen durfte. Auf dem Herd künden ein gelb emaillierter Gusseisentopf von Le Creuset und eine Cocotte-Minute (Schnellkochtopf) aus Aluminium vom Fortschritt.

Auf dem Doppelbett im Elternschlafzimmer fällt der graugelbe, abstrakt gemusterte Bezug ins Auge – mehr Fifties geht nicht. Über dem

**ÜBRIGENS**

»Das Intérieur der Wohnung? Nackt. Klein bleibendes Dekor. Nur klare Proportionen...« Was Perret schon 1926 gefordert hatte, wurde 25 Jahre später in Le Havre Wirklichkeit. Und gilt bis heute als State of the Art.

*Beton über der Erde, Beton auf der Erde. Nice! Die Skater interessiert die Wertschätzung durch die UNESCO aber herzlich wenig. Sie finden ihren Spielplatz einfach nur geil.*

## #3 Modernes Wohnen in Le Havre

Kopfende hängt ein Landschaftsbild in weißem Rahmen. Ansonsten ist der Raum wohltuend kahl: Ein Schrank noch, dazu ein Sessel.

### Der Joghurtbecher
Das mit Ausstellungssaal, Theaterbühne und Konzerthaus ausgestattete Kulturzentrum **Le Volcan** 8 an der Place du Général de Gaulle ist ein blütenweißer, futuristischer Bau des Brasilianers Oscar Niemeyer. Wegen seiner Form wird der im Jahr 1982 gebaute ›Vulkan‹ im Volksmund auch ›le pot de yaourt‹ genannt.

### Fanal der Moderne
Mit dem **Musée Malraux** 9 entstand 1961 am Hafen ein lichter Museumskubus. Der zum Wasser ausgerichtete Bau beherbergt eine bedeutende Gemäldesammlung. Grandios ist die lange, mit Werken des Impressionisten Eugène Boudin gepflasterte Wand, beeindruckend die Sammlung von Werken Raoul Dufys, der 1877 in Le Havre zur Welt kam.

### Rakete zum Himmel
Die zwischen 1951 und 1957 erbaute **Kirche St-Joseph** 10 gilt als der gelungenste Sakralbau Auguste Perrets. Wie eine Rakete weist die 109 m hohe Betonnadel zum Himmel. Innen verwandeln 12 768 Glasfenster den immens hohen Raum in ein buntes Kaleidoskop.

*Oscar Niemeyers Volcan: Rauer Beton, helles Holz, viel Glas, Sitzmöbel aus Stahlrohr ... macht: modern. Von wegen Kuschelecken – die sind ohnehin überbewertet!*

---

**INFOS/ÖFFNUNGSZEITEN**
**Führungen:** Rundgänge zum UNESCO-Welterbe über das OdT
**Appartement Perret** 7: Führungen April–Sept. Mo–Fr 15.30 u. 16.30, Sa/So auch 10.30, 11.30, 14.30 Uhr (5 €). Anmeldung erwünscht: T 02 35 22 31 22, Treff: Maison du Patrimoine, 181, rue de Paris
**Le Volcan** 8: Pl. du Général de Gaulle, www.levolcan.com
**Musée Malraux** 9: 2, bd. Clemenceau, Di–So 11–18 Uhr, www.muma-lehavre.fr, 7 €
**St-Joseph** 10: Ecke Rue Louis Brindeau / Boulevard Francois-1er, tgl. 10–18 Uhr, während der Messen kein Zugang

---

**KULINARISCHES FÜR ZWISCHENDRIN**
Allein die Superaussicht auf den Hafen und den Ärmelkanal lohnt den Besuch der **Cafeteria im Musée Malraux** 3. Der Saal ist zudem so puristisch schick wie der ganze Bau. Die Karte eher klein, aber alles ist frisch und knackig (2, bd. Clemenceau, 11–18, Sa/So bis 19 Uhr, Di geschl., Tagesgerichte ab 10 €).

**Faltplan:** F 3 | **Cityplan:** S. 31 | Stadtspaziergang: ca. 3 Std.

## Rouen und das Seine-Tal ▶ Le Havre

mit Rosmarinhonig). Saal und Terrasse sind einer der Treffpunkte der Stadt zum Mittagessen. Viel besucht, der Service ist aber flott.

7, pl. des Halles, T 02 35 22 50 52, So abends geschl., *formule* 14 €, Menü ab 25 €

### Begehrte Südterrasse
#### Les Grands Bassins ❷
Stylische Brasserie mit Klassikern wie Entrecôte, Gemüseterrine und Andouille.

23, bd. de l'Amiral Mouchez, T 02 35 55 55 10, www.lesgrandsbassins.fr, So, außer Sommer auch Sa mittag geschl., *formule* 15 €, Menü 27 €

### Wahnsinnsaussicht
#### Cafeteria im Musée Malraux ❸
Kleine Karte und großer Ausblick auf Hafen und See.

2, bd. Clemenceau, T 02 35 19 62 75, 11–18, Sa/So bis 19 Uhr, Di geschl., Tagesgerichte ab 10 €

## ☀ Wenn die Nacht beginnt

### Szenetreff in den alten Docks
An den zu Shopping- und Ausgehmeilen umgebauten alten Docks ist besonders im Sommer sehr viel los. Feste Ankerplätze im Treiben sind der Veranstaltungssaal **Docks Océane** ❶ und das Ausstellungszentrum **Carré des Docks** ❷ am Quai Frissard (www.dockslehavre.com).

### In Strandnähe
#### L'Abri Côtier ❸
Nette Bar am Weststrand, immer voll, immer eng, immer gute Stimmung unter den Studenten und Thirtysomethings. Im Sommer Konzerte.

24, bd Albert 1er, T 02 35 42 51 20, Mo–Sa bis 1.45, So bis 21 Uhr

## 🛟 Sport & Aktivitäten

### Abtauchen und Abdampfen
#### Les Bains des Docks ❷
Cooler Bäder- und Thermalkomplex von Jean Nouvel.

Quai de la Réunion, www.vert-marine.com/les-bains-des-docks-le-havre-76/, tgl. 10–20, Fr bis 22 Uhr, Bad 5,50 €, Wellnessbereich 13 €

### Beachen und Baden
#### Piscine du Club nautique ❹
Vor der Stadt gibt es einen langen Sandstrand mit beheiztem Freibad: Das Becken hat Olympiaformat. Auf Sportliche warten am Strand gute Surf-, Kite- und Funboardmöglichkeiten.

122, boulevard Clemenceau, www.cnhavrais.com, Mai–Sept. tgl. 10–20, Mo, Mi, Fr auch 7–9, Di, Do, Fr bis 21 Uhr

## INFOS

**Office de Tourisme:** 76600 Le Havre, 186, bd. Clemenceau, T 02 32 74 04 04, www.lehavretourisme.com

## IN DER UMGEBUNG

Die **Abbaye de Montivilliers** (📙 F 3), ein Benediktinerinnenkloster aus dem 11. Jh., wartet mit reichem Bauschmuck auf. Die Dauerausstellung informiert über die Abteien der Normandie (www.abbaye-montivilliers.fr, April–Okt. Di–So 10–18, Nov.–März Di–Sa 10–17, So 14–17 Uhr, 5 €).

*Das passt zu Le Havre: Die Bains des Docks folgen dem Muster ›Gerade & Glatt‹ – ganz wie der Wiederaufbau nach dem Krieg.*

## Côte d'Albâtre und Pays de Caux

Wie hier in Etretat lockt an der gesamten Côte d'Albâtre ein Fernwanderweg auf die bis zu 120 m hohe Klippenkante. Unter den alabasterbleichen Kreidefelsen klickern Millionen von Kieselsteinen im Takt der Gezeiten – es ist der Soundtrack dieser dramatischen Küste. Im Hinterland rollen Weiden und Felder bis zum Horizont davon. Majestätische Buchen schützen die Höfe des Pays de Caux vor der steifen Brise. Ansonsten herrscht eine Stille, gegen die schon Flauberts Madame Bovary Sturm lief. Vergeblich. Wer sich hingegen auf den trägen Rhythmus der Provinz einlässt, genießt Entspannung pur.

# Le Tréport 📖 J 1

Kalkklippen nehmen das Fischerstädtchen (5000 Einw.) in die Zange. In der Fischhalle versuchen Gäste, Seezunge und Scholle zu unterscheiden, im Hafen ist die Zahl der Kutter beträchtlich. Enge Altstadtgassen, der Strand sowie Bars und Cafés längs der Kais bestimmen die Atmosphäre.

## WAS TUN IN LE TRÉPORT?

### Vom Hafen in die Altstadt
Der **Strand** von Le Tréport (Kiesel) ist der Paris am nächsten gelegene – darauf ist man hier mächtig stolz. Hoch über den Kais thront die wuchtige **Pfarrkirche St-Jacques** (10–18 Uhr, außer zu Messen) aus dem 16. Jh. Die Fassade aus Flintstein und Sandstein ist typisch für das Pays de Caux.
Im **Quartier des Cordeliers**, dem Viertel der Seilmacher und Fischer unterhalb der Kirche, reihen sich enge, schnurgerade Gassen. Auffällig sind die kleinen Balkone und Erkerfenster. Es geht weiter aufwärts. Ziel ist das dank Turm und Bogen wehrhaft wirkende **Rathaus** aus dem 16. Jh. Daneben lockt das **Musée du Vieux Tréport** (Ostern–Sept. Sa, So und Feiertag 10–12, 15–18 Uhr, 3 €) im ehemaligen Gefängnis. Zu sehen sind Kostüme, Alltagsgegenstände aus dem Leben der Fischer und ein Badezelt aus der Zeit um 1900.

### Klippenpanorama
Puste braucht man für die 350 Stufen und steilen Gassen der **Escaliers de la Falaise**, die auf die Klippen im Südwesten hochführen. Man kann aber auch die Standseilbahn nehmen (tgl. 7.45–20.45, Fr bis 0.45, Mitte Juni–Mitte Sept. tgl. 7.45–0.45 Uhr, gratis, Betrieb nur bei Wind bis max. 80 km/h). Oben angekommen, ist der Blick vom **Calvaire des Terrasses** aus 110 m Höhe über die Küste fantastisch. Auch wer die Standseilbahn nicht genommen hat, sollte bei der oberen Station vorbeischauen: Ein **Glasbläser** zeigt in seiner Werkstatt, wie aus glühenden Klumpen zerbrechliche Kunstwerke entstehen (www.atelier-du-verre.fr).

### Seitensprung in die Belle Époque
**Mers-les-Bains** (📖 J 1) im Norden von Le Tréport gehört bereits zur Nachbarregion Picardie. Zu Fuß braucht man nur wenige Minuten und taucht in eines der am besten erhaltenen Ensembles der Seebäder-Belle-Époque am Ärmelkanal ein. Die schönsten Villen reihen sich zwischen der Esplanade, der Rue Sadi-Carnot, der Avenue du Maréchal Foch und der Rue Faidherbe. Insgesamt stehen 340 Fassaden unter Denkmalschutz (www.merslesbains.fr).

## SCHLEMMEN, SHOPPEN, SCHLAFEN

### 🏨 Hafenblick mit Geschichte
**Hôtel de Calais**
Knallbunt getünchte Zimmer, viele mit tollem Hafenblick (schon Victor Hugo stieg hier ab). Es gibt zudem funktional eingerichtete Ferienwohnungen für 2–7 Pers. Motto: Schnickschnack ist woanders – was zum rauen Charme von Le Tréport passt. Nette Atmosphäre.
1, rue de Paris, T 02 27 28 09 09, www.hoteldecalais.com, DZ 61–95 €

**ÜBRIGENS**

Kabeljau, Makrelen, Krabben, Taschenkrebse, Rochen und natürlich Austern liegen im glitzernden Eisbett. Doch die **Poissonnerie municipale** aus dem Jahr 1934 ist nicht nur die Adresse für fangfrischen Fisch – die Fischhalle ist auch ein architektonisches Juwel. Der Bau versprüht den nüchternen Charme einer Sachlichkeit, die die Zwischenkriegsjahre prägte (Pl. de la Poissonnerie, tgl., im Winter Di geschl.).

## Côte d'Albâtre und Pays de Caux ▶ Dieppe

🏠 **Im Rosengarten**
### Chambres d'hôtes Manoir de Beaumont
Ehemaliges Jagdschlösschen in ruhigem Park voller Rosen. Mit drei schmucken Zimmern auf einer Anhöhe über dem Dorf Eu.

76260 Eu, T 02 35 50 91 91, www.demarquet. eu, DZ/F ab 57 €

🏠 **Cheap und Chic**
### Château de Chantereine
Eine Jugendherberge im Schloss! Zimmer für 2–8 Pers. oder Schlafsaal.

Criel-sur-Mer (7 km westl., an Buslinie nach Dieppe), www.chateaudechantereine.fr, DZ 53 €, Schlafsaal ab 18,30 €, Frühstück 4,90 €

🍴 **Flippig, trendy, gemüsig**
### La Pile d'Assiettes
Kleines, flottes Bistro. Knackige Salate, Gewürze von den Antillen, seltene Gemüsesorten und ein lichter, bunter Saal.

1–3, rue Gambetta, T 02 35 84 65 61, Mi, Nebensaison auch So u. Di abends geschl., *formule* 12,50 €, Menü 15–30 €

🍴 **Hemdsärmelig und günstig**
### Mon P'tit Bar
Bar und Restaurant, mit günstigen Menüs so unverfälscht wie Le Tréport selbst. Oft krachend voll.

3–4, rue de la Rade, ab 9 Uhr, Menü 12–20 €

🛒 **Süss und sauer: Cidre**
### La Cidrerie du Parc
Susan und Adrien Tailleux betreiben eine kleine, feine Cidrerie in einem Herrenhaus mit Park. In der Boutique gibt es auch selbstgemachten Nusslikör.

35–37, rue de Chantereine, www.3clos.fr, Boutique und Park April–Mai, Okt.–Mitte Nov. Sa 15–18, Juni–Mitte Juli, Sept. Sa, So, Fei 15–18.30, Mitte Juli/Aug. Do–Di 15–18.30 Uhr

⚓ **Bootstouren und Fischfang**
### Capitaine Masson
Touren längs der Klippen oder zum Fischen mit einem echten Seebären.

Place de la Poissonnerie, T 06 07 23 47 71, www.eden-eros-letreport.strikingly.com, 45-minütige Ausfahrten 11,50 €, sechsstündige Törns mit Einführung ins Fischen ab 60 €

## INFOS UND TERMINE

**Office de Tourisme:** Quai Sidi Carnot, T 02 35 86 05 69, www.destination-letreport-mers.fr
**Foire aux Moules:** Pfingsten. Muscheln, roh, gekocht, à la normande, gratiniert – auf dem Muschelfest am Hafen. Dazu keltische Musik, vorgetragen im Kilt.

## IN DER UMGEBUNG

### Unter Denkmalschutz
Das Örtchen Eu (📖 J 1) 6 km südöstlich von Le Tréport rühmt sich, nach Rouen die meisten denkmalgeschützten Bauwerke der Normandie zu besitzen. Als da wären das Schloss aus dem 16. Jh. mit Louis Philippe-Museum zum Gedenken an die Juli-Monarchie von 1830–1848 (Mitte März–Nov. tgl. außer Fr morgens u. Di 10–12, 14–18 Uhr, 5 €), der Barockpark, das Hospiz (17. Jh.), das Jesuitenkolleg (17. Jh.) mit den Grablegen der Katharina von Kleve und des Herzogs von Guise (März–Nov. Di–Sa 10–12, 14–18.30, So 14.30).

# Dieppe 📖 H 1

**Dieppe (30 000 Einw.) lebt im Rhythmus der Hebe- bzw. Drehbrücken, die die Becken von Handels-, Jacht- und Fischereihafen je nach Bedarf trennen und öffnen. Die barocken, aus gelben Ziegeln gebauten Reederpaläste am Hafen zeugen vom einstigen Reichtum der Stadt als Metropole des Elfenbeinhandels.**

## WAS TUN IN DIEPPE?

### Die Altstadt erkunden
Um die **Kirche St-Jacques** (9–18 Uhr) an der Place St-Jacques schlägt das Herz der Altstadt. Das gewaltige Gotteshaus (12.–16. Jh.) hütet ein reiches Interieur

## Côte d'Albâtre und Pays de Caux ▶ Dieppe

*Ein Fenster zum Meer und zum breiten Strand von Dieppe. Die Installation neben dem Château bietet sogar einen Sitzplatz. Fast wie zuhause vorm TV.*

aus der Hochgotik (Chorgewölbe) und Renaissance, darunter die »Mur des Sauvages« mit einem Fries, der die Abenteuer der Seefahrer aus Dieppe erzählt. Samstags branden die Stände des Wochenmarkts an die Kirchenmauern. Über die schmucke **Place du Puits Salé** gelangt man zur **Kirche St-Rémy** aus dem 16.–17. Jh. (rue St-Rémy, wegen umfangreicher Restaurierungsarbeiten nur eingeschränkt zugänglich).

### Über die Kais zum Strand spazieren
**Reederpaläste,** darunter das Hôtel d'Anvers, bestimmen den Quai Duquesne und Quai Henri IV. In den Cafés unter den Bögen werden *moules-frites* serviert, eine lokale Spezialität. Der **Quai Duquesne** stößt im Norden auf die Parkanlagen am Boulevard de Verdun. Hinter dem Grün rauscht das Meer.

### Fischerviertel und -kapelle
**Le Pollet,** das alte Fischerviertel mit der Halle aux poissons, ist an drei Seiten von Wasser umgeben. Über die Drehbrücke **Pont Colbert** aus dem 19. Jh. spaziert man zum Quai de la Marne, von wo es weiter auf die östlichen Klippen geht. Oben bewacht **Notre-Dame-de-Bon-Secours** (10–18 Uhr), die gotische Fischerkapelle, die Hafeneinfahrt. Exvoti erinnern an auf See umgekommene oder gerettete Seeleute.

## MUSEEN, DIE LOHNEN

### Eine Burg von einem Museum!
**Château, Musée de Dieppe**
Dieppes mittelalterliche Zwingburg ist heute Museum. Der imposante Bau an den westlichen Klippen überragt das Strandviertel. Von der ersten mittelalterlichen Burg sind nur ein paar Mauern erhalten. Das von Ecktürmen flankierte Château stammt aus dem 15. und 16. Jh. Ausgestellt sind Schnitzwerke aus Elfenbein, Seekarten und eine Sammlung zur Geschichte des Seebads Dieppe. Besonders interessant sind die Exponate aus Elfenbein. In Dieppe gab es ab dem 16. und bis weit ins 19. Jh. etliche Schnitzerwerkstätten, in denen die im Hafen angelandete Ware aus Afrika verarbeitet wurde.

Rue de Chastes, Zugang auch über Rampe du Chateau, T 02 35 06 61 99, www.dieppe.fr/mini-sites/musee-de-dieppe, Juni–Sept. Mi–So 10–18, Okt.–Mai 10–12, 14–17 Uhr, 4,50 €

### Alles über das Meer
**Von Sandbänken und Klippen**
Estran bezeichnet eine Sandbank, die bei Ebbe vom Wasser freigelegt wird. **Estran – Cité de la Mer** in der Rue de l'Asile Thomas ist ein Museum, das sich dem Fischfang, der Seefahrt und den Klippen um Dieppe widmet. Außer am So werden jeweils um 10.30 Uhr die in den Aquarien gehaltenen Fische und Meerestiere vor den Augen der Besucher gefüttert! Die Cité de la Mer organisiert auch Küstenwanderungen und Hafenführungen (Juli/Aug.).

37, rue de l'Asile-Thomas, T 02 35 06 93 20, www.estrancitedelamer.fr, tgl. 9.30–18, Sa/So Pause von 12.30 bis 13.30 Uhr, 7,50 €

## SCHLEMMEN, SHOPPEN, SCHLAFEN

 **In fremden Betten**

### Diskreter Charme
**La Villa des Capucins**
Vier Chambres d'hôte in den ehemaligen Pferdeställen eines Klosters in der Nähe des Le Pollet-Viertels, mit Garten.

11, rue des Capucins, T 02 35 82 16 52, www.villadescapucins.jimdo.com, DZ/F 80 €

### Mit Charme und Patina
**Hôtel de la Plage**
Im Jahr 1890 eingeweihtes Strandhotel mit 1950er-Jahre-Erweiterung. Es gibt wohl ein paar Schwächen, aber dafür eine tolle Lage. Zimmer zum Strand verlangen!

20, bd. de Verdun, T 02 35 84 18 28, www.plagehotel-dieppe.com, DZ ab 77 €, Meerblick ab 112 €

 **Satt & glücklich**

### Frischer Fisch
**Bistrot du Pollet**
Fischerbistro mit köstlicher Küche in rustikalem Gastraum. Jakobsmuscheln mit Linsen, Scholle, Seezunge usw. Eine Sünde wert: das Calvados-Soufflé.

23, rue Tête de Bœuf, T 02 35 84 68 57, www.le-bistrot-du-pollet.zenchef.com, So/Mo geschl., Formule 23 €, Menü 31 €

### Schickes Neobistro
**Le Coup de Torchon**
Die Gasse liegt hinter dem Hafen, die Fassade ist rosa, das Interieur schick und die Schiefertafel mit dem Tagesmenü macht Appetit.

4, rue Vauquelin, T 02 35 85 94 84, So/Mo geschl., Menü 22 € (mittags unter der Woche), sonst 27–45 €

### Fischtopf
**La Marmite Dieppoise**
Vier Fischsorten und Muscheln gehören in den Fischtopf *marmite dieppoise*, nach dem das Restaurant benannt ist. Ebenso typisch für Dieppe sind dessen Ziegelwände.

8, rue St-Jean, T 02 35 84 24 26, So abends, Mo geschl., Menü mittags 21 €, sonst 33–44 €

 **Stöbern & entdecken**

### Samstagsmarkt
Der **Marché** klingelt am Samstag nicht nur das Wochenende ein, sondern ist auch riesig. Geboten wird alles, was Meer und Erde der Oberen Normandie hergeben.

Grande Rue/Rue de la Barre

 **Wenn die Nacht beginnt**

### Place to be
**Café des Tribunaux**
Strategisch unschlagbar: am schönsten Platz der Altstadt gelegene Terrasse.

1, pl. du Puits Salé, 9–20 Uhr

### Cool
**Le Café suisse**
Glatter Betonboden, austerngraue Wände, schicke weiße Bänke – macht zusammen eine trendige Bar-Brasserie am Hafen.

19, arcades de la Bourse, bis 22 Uhr

## Côte d'Albâtre und Pays de Caux ▶ Varengeville-sur-Mer

Guy de Maupassant kam auf einem normannischen Schloss zur Welt. Das **Château de Miromesnil** ist heute ein nobles *Chambre d'hôte*, sein Roman »Une Vie« eine perfekte Normandie-Urlaubslektüre.

### Am Ende des Strands
**Le Bar O Mètre**
Kleine Bar in idealer Lage für den Sundowner.
51, rue Alexandre Dumas (westl. Ende des Strands, Richtung Klippen), April–Sept. 9–22 Uhr

 **Sport & Aktivitäten**

### Baden bei jedem Wetter
**Grande Plage**
Am Strand von Dieppe stieg die vornehme Welt um 1820 zum ersten Mal ins Wasser. Heute: ein langer Kiesstrand mit beheiztem Meerwasserpool und Sauna.
Ende Mai–Anfang Sept. tgl. 10–20 Uhr, 4,50 €

### Radfahren
**Avenue verte**
Die 40 km lange Piste wurde auf der ehemaligen Zugstrecke von St-Aubin-le-Cauf (9 km südl. von Dieppe) nach Forges-les-Eaux angelegt. Radverleih bei **ACREPT/Vélo Service** (27, rue Stalingrad, T 06 66 33 44 32).

## INFOS UND TERMINE

**Office de Tourisme:** Pont Jehan Ango, T 02 32 14 40 60, www.dieppetourisme.com
**Festival international des Cerfs-volants:** Sept. in geraden Jahren (nächster Termin 2020). Profis lassen in den Grünanlagen am Strand neun Tage lang ihre bunten Drachen steigen. Das weltweit größte Event seiner Art.

## IN DER UMGEBUNG

### Gemüse satt
Das **Château de Miromesnil** 9 km südlich in Tourville-sur-Arques (🗺 H 1/2) ist das Familienschloss von Guy de Maupassant. Bezaubernd ist der historische Gemüsegarten mit seltenen alten Sorten. Wer bleiben möchte: Die fünf Chambres d'hôtes im Schloss (T 02 35 85 02 80, DZ/ÜF ab 145 €) sind mit Erbstücken möbliert.
www.chateaumiromesnil.com, April–Okt. 10–12, 14–18 Uhr, Führungen Schloss und Garten um 10.30, 14.30, 16 und 17 Uhr für 10 €, Garten allein 5 €

# Varengeville-sur-Mer 🗺 H 1

**Ein ganz eigener Zauber liegt über dem Örtchen 8 km westlich von Dieppe, das zutiefst ländlich und mondän zugleich wirkt. Vielen Schriftstellern, Malern, Komponisten gefiel es, Georges Braque ließ sich hier sogar begraben.**

### Sanfte Ruhe für Seeleute
Auf dem **Cimetière marin** (Sommer 8–21, sonst 9–18 Uhr), dem Fischerfriedhof mit Seeblick gleich neben der Kirche, befindet sich das **Grab von Georges Braque,** zu dem eine Mosaiktaube weist. Der kubistische Maler hat ein Glasfenster und den Tabernakel für die Kirche geschaffen. Braque war nicht der einzige Künstler, der in das Dorf vernarrt war: Auch die Komponisten Maurice Ravel und Claude Debussy, die Schriftstellerin Virginia Woolf und der Maler Joan Mirò haben Varengeville-sur-Mer besucht.

### Gartenzauber
Gleich zwei weit über die Normandie hinaus berühmte Parks zählen zum Ort. Der **Parc du Bois des Moutiers** wurde von der englischen Landschaftsgärtnerin Gertrude Jekyll mit einem Landhaus im

## Côte d'Albâtre und Pays de Caux ▶ St-Valéry-en-Caux

Arts-and-Crafts-Stil geschaffen (Route de l'Eglise, www.boisdesmoutiers.com, Mitte März–Mitte Nov. 10–12, 14–18 Uhr, Führungen Landhaus und Gärten je nach Intensität u. Dauer 22–33 €, Park ohne Führung 11 €). Die **Collection Shamrock** gilt mit 1200 Exemplaren als größte Hortensiensammlung der Welt. Ab Mitte Juli steht alles in voller Blüte (Route de la Cayenne, www.hortensias-hydrangea.com, Mitte Juni–Mitte Sept. tgl. außer Di morgens 10–12, 14.30–18 Uhr, 2. Sept.-Hälfte Mi–Mo nur nachmittags, 8 €).

### 🏠 Am Rand der Klippen
**Hôtel de la Terrasse**
Bezauberndes Belle-Époque-Haus über dem Meer. Cosy und still, lauschiger Garten, Restaurant mit umwerfender Aussicht und toller Fischküche.
Route de Vasterival, T 02 35 85 12 54, www.hotel-restaurant-la-terrasse.com, DZ 75–135 €, im Sommer nur mit HP. Mitte Okt.–Mitte März geschl.

### 🍷 Rund um die Uhr
**La Maison de Jules**
Ein Salon de thé, der zugleich Weinbar, Konzertcafé und Galerie ist, das Ganze in einem historischen Gemäuer. Kleine Speisekarte (Quiches, Charcuterie, Käseteller) rund um die Uhr.
1, place des Canadiens, T 02 35 84 28 97, www.lamaisondejules.com, Juli/Aug. tgl. 10–21 Uhr, sonst Di, Mi geschl., Formule 12,50 €, à la carte 15–20 €

# St-Valéry-en-Caux 🗺 G 1

**Rund um den Badeort (4200 Einw.) zeigt sich die Côte d'Albâtre von ihrer schönsten Seite. Die Klippen sind so majestätisch hoch wie sonst nur weiter westlich in Étretat. Ein Bach hat eine Kerbe in das bis 100 m hohe Kalkgestein gefressen. Wo er ins Meer mündet, ducken sich schiefergedeckte Häuser vor der weißen Klippenwand.**

## WAS TUN IN ST-VALÉRY-EN-CAUX?

### Kurze Ortstour
Die einzelnen Viertel von St-Valéry-en-Caux wirken sehr verschieden: Im **Quartier d'Aval** prägen Kopfsteinpflaster und Mauern aus glasigem Flintstein die Gassen. Schönster Bau ist die **Maison Henri IV** (April–Juni, Sept. Mi–So, Juli–Aug. tgl. 10–12.30, 14–18.30 Uhr, 2 €), ein verziertes Fachwerkhaus (1540) am Quai d'Aval. Es beherbergt ein bescheidenes Heimatmuseum.
Im **Quartier d'Amont,** das im Weltkrieg zerstört wurde, ändert sich das Bild. Wiederaufbauarchitektur in menschlichem Maß und am Kieselstrand davor blau-weiß gestreifte Strandhäuschen sind ebenfalls ganz nett anzusehen.

### Von Klippe zu Klippe kraxeln
Etwas mehr Puste benötigt man für die Klippen. **Falaise d'Aval** heißt die Steilklippe im Westen, von der man über das Nadelöhr der Hafeneinfahrt und bei guter Sicht auf den Leuchtturm von Varengeville-sur-Mer und bis Le Tréport schaut. Im Osten auf der **Falaise d'Amont** steht ein Denkmal für gefallene schottische Soldaten.

## SCHLEMMEN, SHOPPEN, SCHLAFEN

### 🏠 Geräumiges Verweilen
**Résidence Douce France**
Ehemalige Postkutschenstation mit gepflastertem Innenhof und Garten. 13 elegante Suiten mit Kochnische, Essecke, Schlafzimmer: ideal für längere Aufenthalte.
Veules-les-Roses, 13, rue du Docteur Girard, T 02 35 57 85 30, www.doucefrance.fr, DZ 102–162 €

### 🏠 Am Yachthafen
**Hôtel du Casino**
Spröder Charme auf den ersten Blick, aber die Zimmer sind freundlich, hell und geräumig.
14, avenue Clemenceau, T 02 35 57 88 00, www.hotel-casino-saintvalery.com, DZ ab 85 €

**Côte d'Albâtre und Pays de Caux** ▶ St-Valéry-en-Caux

### 🅘 Hafenblick und frischer Fisch
**Restaurant du Port**
Blick auf den Hafen, von dem aus so ziemlich alles geliefert wird, was auf der Karte steht (toll: der gegrillte Steinbutt!).
Quai d'Amont, T 02 35 97 08 93, So abends, Mo, Do abends geschl., Menü 27–46 €

### 🅘 Tee im Atelier
**Atelier 2**
Auf der einen Seite die Galerie von David, auf der anderen der Salon de thé von Marilyn. Dazu ein Gärtchen, in dem man Tee mit hausgemachtem Kuchen genießt.
Veules-les-Roses, 2, rue du Bouloir, T 02 35 97 07 95, nur Sa, So und während der Schulferien. Kleine Speisen 6–8 €

### 🌊 Baden
Kieselstrände in **St-Valéry-en-Caux** und **Veules-les-Roses.**

### 🌊 Radfahren und Wandern
Ein Dutzend markierter Wanderwege rund um St-Valéry-en-Caux, darunter der Küstenwanderweg GR 21 längs der Klippenkante und die Radrunde **Grand Tour** (28 km, Radverleih Cycles Prieur, Quai du Havre, T 02 35 97 10 08, Mo geschl.), Faltblatt dazu beim Office de Tourisme. In Veules-les-Roses ist der 1,2 km lange **Circuit du plus petit fleuve de France** ein kurzer und charmanter Spaziergang am Flüsschen Veules.

### 🅘 Infos
**Office de Tourisme:** Quai d'Amont, St-Valéry-en-Caux, T 02 35 97 00 63, www.plateaudecauxmaritime.com

------

### IN DER UMGEBUNG

#### Côte d'Albâtre-Hopping
Benachbarte kleinere Badeorte wie **Quiberville** versinken zwischen Bäumen, an Stränden wie dem in **St-Aubin** klackern die Kieselsteine (📖 H 1). Man kann von St-Aubin über den Küstenweg nach **Sotteville** spazieren, von dessen Klippen der Blick unendlich weit schweift und wo exakt 232 Stufen zum Strand führen. Berückend schön ist **Veules-les-Roses:** Ganzer Stolz des Nests am Meer sind zum einen der mit knapp 1,2 km Länge kürzeste Fluss Frankreichs, die Veules, zum anderen die vielen Rosen. Beides zusammen ergab den Namen.

#### Bei den Fürsten
Prince und Princesse H. Kayali bitten auf ihr prächtiges **Château du Mesnil-Geoffroy.** Salons und Kammern im Barockschloss sind mit kostbaren Familienerbstücken und Antiquitäten möbliert.

*Vorsicht an der Hafenkante, bitte zurücktreten! Das Meer kann lieb und nett sein in St-Valéry-en-Caux, aber manchmal tobt es auch.*

Bei der Führung bekommt man Einblicke in die private Sphäre eines Schlossherrn im 18. Jh. Rosenfreunde zieht es in den französischen Park. Mit 2900 Rosen gilt die Roseraie als größte Rosenkollektion der Normandie.

Ermenouville (📙 H 2, 8 km südl.), www.chateau-mesnil-geoffroy.com, Rosengarten und Park Mai–Sept. Mi–So 14.30–18, Schloss nur Fr–So, Park 7 €, mit Schloss 9 €

# Sassetot-le-Mauconduit 📙 G 2

Das Dorf mit 1070 Einwohnern schlummert inmitten kathedralhoher Buchen. Unvermittelt erhebt sich auf der Wiese ein barockes Château. Kaiserin Elisabeth von Österreich hat 1875 den Sommer im Schloss verbracht, das heute ein Hotel ist.

### Geschützte Lage
**Les Petites Dalles** heißt der winzige Badeort unterhalb von Sassetot-le-Mauconduit: ein paar Dutzend Häuser aus der Belle Époque in einer engen Talfurche, die sich zur Steilküste hin öffnet. Sissi zog es hier an den Strand, im Schutz gewaltiger Kreideklippen, vor neugierigen Blicken durch Stoffbahnen geschützt.

### 🛏 Sissi was here
**Château de Sissi**
Plüschig möblierte Zimmer in Pistazie und Apricot, historische Belle-Époque-Möbel, mit Wellness-Angeboten.

Rue Élisabeth d'Autriche, T 02 35 28 00 11, www.hotelchateaudesissi.com, DZ 75–155 €

### 🍽 Nobler Landgasthof
**Le Relais des Dalles**
Gutbürgerliche Küche, sorgfältig zubereitet. Gartenterrasse. Einige adrette Zimmer im Nebengebäude.

6, rue de la Reine Elisabeth d'Autriche, T 02 35 27 41 83, www.relais-des-dalles.fr, Anfang Dez.–Anfang Jan. geschl., Mo, Di geschl., Mitte Juli–Ende Aug. abends auch dann geöffnet, und Mi mittags geschl., Menü ab 35 €, DZ ab 93 €

### 🏖 Badestrände
In **Les Petites Dalles** Kieselstrand zwischen Klippen, in Les Grandes Dalles und St-Pierre-en-Port weniger lauschig

### 🥾 Wandern
**Küstenwanderweg (GR 21):** über die Klippen nach Fécamp (📙 G 2, 17 km), zurück mit Bus Linie 60

### ℹ Infos
**Office de Tourisme:** 4, rue des Fusillés, Sassetot-le-Mauconduit, T 02 35 29 79 88, www.sassetot-le-mauconduit.com

# Fécamp 📙 G 2

Man sagt Fécamp – und Frankreich denkt an einen Likör, in den 27 Kräuter und Gewürze gehören: Bénédictine. Bis in die 1970er-Jahre war Fécamp (19 200 Einw.) Frankreichs wichtigster Kabeljauhafen. Fini. Die Lagerhäuser an den Kais werden heute zu Lofts und Büros umgebaut, im Yachthafen wächst die Flotte der Freizeitkapitäne.

......................................................
**WAS TUN IN FÉCAMP?**
......................................................

### Ein Palast für einen Likör
Unübersehbar beherrscht der **Palais Bénédictine** die Stadt. Das Neorenaissance-Gebirge mit Erkern und Türmen vom Ende des 19. Jh. ist die Wiege des berühmten Kräuterlikörs. Im hauseigenen Museum mit gotischem Interieur wird hochkarätige Kunst des Mittelalters und der Renaissance gezeigt. Dann der Schnaps: Im ehemaligen Abfüllraum geht es um die Geschichte des Likörs, um Kräuter wie Engelswurz und Melisse, um kupferne Destillierapparaturen und mannshohe Reifefässer. Am Schluss darf man im Wintergarten ein Gläschen probieren (Volljährigkeit ist Bedingung!). Eine Boutique gibt es auch.

110, rue Alexandre Le Grand, www.benedictinedom.com, Kernöffnungszeiten April–Anfang Nov. tgl. 10–13, 14.30–18 Uhr, ab 12 €

## Côte d'Albâtre und Pays de Caux ▶ Fécamp

### Vom Hafen ins Herz der Stadt
Immer längs der Kais geht es vom Jachthafen zum **Bassin Bérigny,** wo das **Musée des Pêcheries** (3, quai Capitaine Jean Recher, Mai–Sept. tgl. 11–19, sonst tgl. außer Di 11–17.30 Uhr, 7 €) alle Blicke auf sich zieht. Städtebaulich ist das in einer ehemaligen Fischfabrik untergebrachte Museum der ganz große Wurf. Auf sieben Etagen werden Fischfangtechniken, Bootstypen, Seegemälde, Fundstücke und Volkskunst aus dem Pays de Caux und ein Kuriositätenkabinett gezeigt. Höhepunkt ist der Besuch des rundum verglasten Belvedere, das wie ein Ufo auf dem Dach sitzt.
Über die Place Charles de Gaulle führt der Spaziergang zur **Abbatiale de la Trinité** (Rue des Forts, tgl. 9–17.30 Uhr). Die romanisch-gotische Abteikirche (13./14. Jh.) hütet die Grablegen der Äbte und ersten Herzöge der Normandie. Von deren **Burg** (freier Zugang) blieb nur ein Trümmerfeld an der nahen Place des Ducs Richard.

### Klippenkapelle
**Notre-Dame-de-Salut** hält auf der Nordklippe über dem Hafen Wache über Fécamp. Die Kapelle der Fischer aus dem 15./16. Jh. ist mit rührend naiven Exvotos ausgeschmückt. Der Blick über das Meer und die Stadt ist fantastisch. Hin geht es über die steile **Sente aux Matelots** (Zugang auf Höhe des Quai Guy de Maupassant 64 u. 66). Nach Osten stehen die Windräder des **Parc Éolien** über den Klippen und dem Kap Fagnet Spalier.

---

## SCHLEMMEN, SHOPPEN, SCHLAFEN

### 🏠 Ein Touch Exotik
**À la Maison Blanche**
Vier sehr schöne Themenzimmer zu Fernost und Afrika in einem herrschaftlichen Bürgerhaus.
24, rue de la Plage, T 02 35 27 16 76, www.alamaisonblanche.fr, DZ/F ab 86 €, *table d'hôte* 27 €

### 🏠 Design am Hafen
**Le Grand Pavois**
Moderner Bau am Hafen mit cool-eleganten, recht großen Designzimmern. Sogar eine Ladestation für E-Autos steht zur Verfügung.
15, quai Vincent, T 02 35 10 01 01, www.hotel-grand-pavois.com, DZ ab 104 €

### 🏠 Schickes Konsulat
**Norwegian Stern**
Ferienwohnungen mit Designmöbeln, Wandvertäfelungen, austerngrauem Anstrich und weißlackierten Parkett im ehemaligen norwegischen Konsulat.
67, quai Bérigny, T 06 75 22 63 86, www.norwegian-stern.fr, ab 440 €/Woche, auch kürzere Anmietung möglich

### 🍽 Fisch satt
**La Marée**
Die Adresse für Fisch und Meeresfrüchte – mit Blick auf den Fischereihafen. Geschmorte Jakobsmuscheln an Sellerie-Püree oder gegrillte Scholle zu sehr zivilen Preisen.
77, quai Bérigny, T 02 35 29 39 15, So abends, Mo, Do abends geschl. www.restaurant-maree-fecamp.fr, Formule 19 €, Menü 24 (außer Sa/So) und 30 €

### 🍽 Frisch vom Markt
**Le Vicomté**
Gekocht wird in dem mit alten Fotos vollgehängten Bistro, was auf dem Markt zu haben ist – also jede Woche etwas anderes.
4, rue Président René Coty, T 02 35 28 47 63, So, Mi geschl., Menü 21 €

Nur mit Führung zu besichtigen sind im **Musée des Pêcheries** die früheren Umkleide- und Waschräume der Arbeiterinnen. Auch ins Direktorenzimmer erhält man so Einlass einschließlich der Kammer mit Maueröffnung, die es dem Direktor ermöglichte, die Gespräche der Arbeiterinnen zu belauschen …

## Côte d'Albâtre und Pays de Caux ▶ Fécamp

*Die Ausrüstung macht den Unterschied. Das weiß auch der Grill-Master bei der Fête du Hareng in Fécamp. Ende November dreht sich dort alles um den Hering.*

### 🛡 Zum Start ins Wochenende
**Markt**
Rappelvoll, tolles Angebot an dem, was Meer und Acker hergeben.
Place Général de Gaulle, Sa ganztägig

### 🛡 Fischkonserven
**Les Pêcheurs d'Islande**
Hinter der kornblumenblauen Fassade gibt es Stockfisch, Lachs, geräucherten Hering.
41, quai Bérigny, www.pecheurs-islande.eu

### 🛡 Schokolade mit Museum
**Olivier Hautot**
Schokolade vom Genusshandwerker, mit Museum.
851, route de Valmont (3 km südl.), www.chocolatshautot.com; Museum Mo–Sa 9–12, 14–18.30 Uhr, inkl. Verkostung 2 €

### 🌀 Radfahren
**Véloroute du Littoral**
Radroute über Nebenstraßen nach Le Havre (ca. 50 km)

### 🌀 Wandern
Der **Fernwanderweg GR 21** führt über die Klippen im Westen bis nach Étretat (▶ S. 50) und im Osten nach Sassetot-le-Mauconduit (▶ S. 45). Dazu gibt es 18 ausgewiesene Rundwege um Fécamp.

### 🌀 Baden, Beachen, Bootfahren
Breiter **Kieselstrand** am Ort. Verleih von **Katamaranen, Surfbrettern, Kajaks** an der Point Plage (Boulevard Albert 1ier, T 02 35 10 60 51, Juli/Aug. tgl. außer Mo 13–19 Uhr). Zweistündiger **Segeltörn** auf historischem Segelschiff »Mil'Pat« längs der Côte d'Albâtre (April–Okt., 28 €, Reservierung über Office de Tourisme). Rasanter wird die Tour mit dem **500-PS-Schlauchboot** von Fécamp nach Étretat (April–Okt., T 06 79 17 49 91, www.lamerpourtous.fr, 33 €). Bei schönem Wetter mit Badestopp!

### INFOS

**Office de Tourisme:** Quai Sadi Carnot, Fécamp, T 02 35 28 51 01, www.fecamptourisme.com
**Bus:** nach Étretat, Yport, Le Havre: Linie 24, tgl.; nach Dieppe: Linie 60 mit Umsteigen in St-Valéry-en-Caux in Linie 61; nach Yvetot: Linie 23

## Côte d'Albâtre und Pays de Caux ▶ Étretat

# Étretat F2

**ÜBRIGENS**

Das Vorbild für den edelmütigen Romanganoven **Arsène Lupin** lieferte der Anarchist und Einbrecher Marius Jacob. Seine Opfer waren reiche Bourgeois, doch 1903 wurde er geschnappt. Nach Verbüßung einer Haftstrafe im Zuchthaus von Cayenne schlug er sich seit 1927 mit Hilfsarbeiten durchs Leben, unterstützte Anarchisten und im Weltkrieg Résistancekämpfer. 1952 tötete der 75-Jährige erst seinen Hund, dann sich selbst durch Morphium.

**Weltberühmt sind die kalkbleichen Steilklippen, aus denen Wind und Wetter majestätische Bögen mit grandiosen Durchblicken gewaschen haben.**

So viel dramatische Fallhöhe lässt manch einen auch auf dumme Gedanken kommen: Seit der Autor Maurice Leblanc (1864–1941) seinen Gentleman-Ganoven Arsène Lupin nach Étretat (1400 Einw.) schickte, macht das Bäderstädtchen Krimigeschichte als der Ort, wo man sich seiner/seines Liebsten durch einen beherzten Schubs entledigen kann.

### IN DER UMGEBUNG

### WAS TUN IN ÉTRETAT?

**Stille Landpomeranze**
Die Valmont fließt bei Fécamp ins Meer. Auf seinem Weg zur Küste hat der Fluss ein lauschiges Tal ins Pays de Caux gefräst. Folgt man dem Lauf, ist nach 11 km der Ort **Valmont** (G 2) erreicht. Das charmante Ackerbürgerstädtchen mit Burg (12.–16. Jh., nur Außenbesichtigung) und der Benediktinerinnenabtei **Notre-Dame du Pré** (www.abbaye-valmont.fr, tgl. 11–12, 14.30–17 Uhr, Kapelle Juli–Sept. 15–17 Uhr, 3 €) liegt auf einem Fels. Die spätgotische Abtei wird, nach langem Verfall seit der Französischen Revolution, von Nonnen aus Lisieux wiederbelebt.

**Ein Ortskern wie eine Puppenstube**
Étretat ist trotz des großen Rufs ein kleiner Ort, der sich zu Fuß flott erkunden lässt. In der **Fachwerk-Markthalle** (Boulevard René Coty) führen kleine, feine Boutiquen (Kunst-)Handwerk sowie regionale Produkte. **Le Clos Arsène Lupin** (15, rue Guy de Maupassant, April–Sept. tgl. außer Mo 10–12.30, 13.30–18, sonst Sa, So, 7,50 €) ist ein herrschaftliches Anwesen, das den Diebeszügen von Arsène Lupin gewidmet ist – mit szenischem Rundgang.
Bleiben noch die vielen **Villen,** die meisten davon aus der Belle Époque, einige mit prominenten Vorbesitzern, wie die vom Pariser Operettenkönig Jacques Offenbach gebaute **Villa Orphée** (Rue Offenbach), **La Ramée,** die Villa des Couturiers René Coty (Avenue de Verdun) oder den **Château des Aygues** (Rue Offenbach), in dem Sissi nächtigte.

**Frischer Wind**
**Le Bec au Cauchois**
Innovative normannische Gerichte sind der *signature dish* des jungen Kochs Pierre Caillet: im Heu gegarte Kalbscôte mit Gemüse aus dem Garten. Zimmer zum Garten und zum Teich.
22, rue A. Fiquet (1,5 km westl. Richtung Fécamp), T 02 35 29 77 56, www.lebeccauchois. com, Restaurant Di, Mi, außer Juli–Aug. auch So abends geschl., Menü 35 € (mittags unter der Woche) bis 93 €, DZ ab 135 €

**Klippen wie für Riesen**
Die wegen des eleganten Kalkbogens berühmteste Klippe heißt **Falaise d'Aval** (85 m). Etwas weiter westlich folgt die **Aiguille de Belval,** eine 70 m hohe Felsnadel, dann die Grotte **Le Trou**

Côte d'Albâtre und Pays de Caux ▶ Étretat

de l'**Homme** und **La Manneporte**, noch ein Naturbogen. Von der **Falaise d'Amont** im Osten (▶ S. 50) übersieht man alles.

## SCHLEMMEN, SHOPPEN, SCHLAFEN

 **In fremden Betten**

### Chic & cosy
**Le Donjon – Domaine Saint Clair**
Normannisches Herrenhaus und eine Villa, nobles Ambiente – individuell gestaltete Zimmern, plüschig oder modern. Mit Restaurant (Sa und So mittags geschl.).
Chemin de St-Clair, T 02 35 27 08 23, www.hoteletretat.com, DZ ab 95 €, Menü mittags 29, sonst 35–75 €

### Vorsicht, Mord!
**Détective Hôtel**
Die Zimmernamen wie »Miss Marple«, »Sherlock Holmes« oder »Nestor Burma« sind Programm. Hier dreht sich alles um Mord und Totschlag aus der Krimiliteratur. Witzig!
6, avenue George V, T 02 35 27 01 34, www.detectivehotel.com, DZ ab 70 €

### Filmreife Sommerfrische
**Villa sans souci**
Villa der vorvergangenen Jahrhundertwende in einem Park, mit schmucken Zimmern, Salon, Terrasse. Jedes Zimmer ist nach einem Film benannt!
27ter, rue Guy de Maupassant, T 02 35 28 60 14, www.villa-sans-souci.fr, DZ/F 99–165 €, FeWo 2–3 Pers. 450–550 €/Woche

 **Satt & glücklich**

### Brasserie mit Sympathiefaktor
**Le Bistretatais**
Modern gestylte Brasserie, in der es hausgemachte Fisch-Rillettes oder moules-frites zu anständigen Preisen gibt.
17, rue Adolphe Boissaye, T 02 35 28 89 43, www.etretat-le-bistretatais.fr, Mi geschl., *formule mittags* 16 €, Menü 19–31 €

### Alle Blicke gehen nach oben
**Le Galion**
Der beste Tisch für Fisch und Meeresfrüchte. Der Speiseraum überrascht mit einer grandiosen Balkendecke (14. Jh.), nette Terrasse.
Rue René Coty, T 02 35 29 48 74, www.etretat-legalion.fr, tgl., Menü 25–47 €

 **Stöbern & entdecken**

### Scho-ko-la-de!
**Chocolats Hautot**
Feinste Schokoladen der Normandie.
14, rue du Docteur Fidelin, www.chocolats-hautot.com

### Alles von der Ziege
**Le Valaine**
Ziegenfarm und Herrenhaus: Ziegenkäse, Paté vom Zicklein mit Calvados, Eis aus Ziegenmilch, Cidre und Honig.
Manoir de Cateuil, Route du Havre (D 940), www.levalaine.com, März–Nov. 9–12.30, 14–19 Uhr (Führungen auf Deutsch Ostern–Mitte Nov. So und Fei 11 Uhr, Juli/Aug. Sa–Mi 11 Uhr)

## INFOS UND TERMINE

**Office de Tourisme:** 76790 Étretat, pl. Maurice Guillard, T 02 35 27 05 21, www.etretat.net
**Bus:** Linie 24 nach Fécamp, Le Havre
**Bénédiction de la Mer:** am Do vor Christi Himmelfahrt Meeressegnung und Kirmes, bunt & volkstümlich

Die *galets*, die von den Wellen rundgeschwuerten Kieselsteine am Strand und am Fuß der Klippen schützen nicht nur Étretat vor den Fluten. Der aufgehäufte Damm aus den Steinen bricht die Wellen und bewahrt die Küste vor Erosion. Sie einzusammeln ist daher verboten, deshalb: liegen lassen.

# Fallhöhe – **der Zöllnerweg von Étretat nach Yport**

**Im 19. Jh. patrouillierten Zöllner auf dem Klippenkamm, um Schmuggler auszuspähen, die Napoleons Kontinentalsperre unterlaufen wollten. Aus dem Zöllnerpfad wurde der Fernwanderweg GR 21, der der Côte d'Albâtre von Le Tréport im Norden bis zur Seine-Mündung folgt.**

*Blick von der Falaise d'Amont – tief unten läuft die See Amok. Möwen schwirren krächzend vorbei. Schilder warnen davor, den Schritt zu nah an die Klippenkante zu setzen. Der Zöllnerweg ist etwas für Schwindelfreie.*

## Dramatischer Auftakt

Jetzt bloß nicht umschauen! In Étretat lockt am Nordende der Terrasse Eugène Boudin eine steile Treppe auf die **Falaise d'Amont** 1. Auf dem Kreidemassiv wacht die Fischerkapelle Notre-Dame-de-la-Garde auf 85 m Höhe über das Wohl von Seeleuten und Fischern: Willkommen auf dem spektakulärsten Abschnitt des GR 21 vom Belle-Époque-Badeort Étretat zum Hafen von Yport.

## Bleiche Giganten

Hinter der Falaise d'Amont taucht die 40 m hohe Felsnadel der **Aiguille de Belval** 2 im Tiefblau des Meeres auf. Ein in den Steilhang gestemmter Weg führt vom GR 21 ans Wasser hinunter – Achtung, der Weg ist heikel! Unten angekommen, schauen Sie auf die **Porte d'Amont,** einen Felsbogen, den Ebbe und Flut in den Fuß der Falaise d'Amont genagt haben.

Im Nordosten folgt in etwa 1 km Entfernung die **Roche Vaudieu** 3, ein weiterer Felsmonolith im Wasser. Ihm gegenüber liegt **Le Trou à Romain,** ein Höhlenloch im Küstenfels, in dem sich 1813 ein Deserteur der napoleonischen Armee versteckt haben soll. Der Mann wurde zwar 1814 begnadigt, wurde aber seines Lebens nicht mehr froh: 1824 stürzte er sich in den Tod. Und zwar von der Klippenkante.

## Strand- und Landromanzen

Ein Abstecher vom GR 21 führt ins Inland nach **Bénouville** 4: Erstens wegen der hübschen roma-

## Zöllnerweg von Étretat nach Yport #4

nischen Kirche, zweitens wegen des eleganten spätbarocken Schlosses. Ein zweiter Abstecher bietet sich 3 km weiter nach **Vattetot** 5 an. Wieder ist die Kirche im Dörfchen romanisch. Wieder verstrahlt der Ort die trägen Wonnen der normannischen Provinz. Auf Höhe von Vattetot gibt es zudem einen Strand, die **Plage d'Etigues.**

### Diskrete Sommerfrische

Der GR 21 taucht bei **Vaucottes** 6 in den Schatten des **Bois de la Hogue** ein. Zwischen Wald und Kieselstrand sind repräsentative Belle-Époque-Villen gestreut. Manche der fast schlossgroßen Anwesen zitieren das Fachwerk normannischer Bauernkaten. Das Ganze ist *très privé* – es gibt weder einen Laden noch Cafés. Trotzdem: Neid!

### Fischerhafenidylle

Familiär kommt **Yport** 7, das Ziel der Wanderung, daher. Im von hohen Felsen eingeklemmten Badeort gibt es einen Kieselstrand mit bunten Fischerbötchen, der vor unangenehmen Westwinden geschützt ist. Bei Ebbe suchen Fischer zwischen den freigelegten Felsen nach Taschenkrebsen. Sogar Hummer werden vor Yport gefangen. Kein Wunder, dass es schon Maupassant, Corot, Boudin und Gide hier gefiel. Und Ihnen hoffentlich auch!

**ÜBRIGENS**

Als ob Sie es nicht längst geahnt hätten: Der Ärmelkanal ist unter den Meeren eins der gefräßigsten. An manchen Stellen nagt er bis zu 1 m Land pro Jahr fort. Vor allem der Sockel der Kreidefelsen ist gefährdet, weil Ebbe und Flut mit bereits abgebrochenem Geröll gegen die Küste scheppern. Apropos Strand: Für die Wanderung gilt »Pack die Schwimmsachen ein«.

---

**INFOS**

**GR 21:** www.gr-infos.com/gr21b.htm
**Rückkehr mit dem Bus:** Linie 24, KEOLIS, T 02 35 28 19 88, www.keolis-seine-maritime.com, 2 €
**Geführte Wanderungen:** Natterra, 29, route de la Plaine, La Poterie-Cap-d'Antifer (5 km südwestl. von Étretat), T 06 82 77 87 55, www.natterra.fr, mit Erklärungen zu Fauna, Flora, Geologie

---

**KULINARISCHES FÜR ZWISCHENDRIN**

Muscheln mit Cidre, mit Pommeau, oder *à la crème* sind die Spezialität des netten Bistrots **Le Nautique** 1 in Yport (73, rue Alfred Nunès, T 02 35 29 76 10, außer Juli/Aug. Mi geschl., *formule* 15 €, Menü 21–25 €).

**Faltplan: F 2 | Wanderzeit: 5 Std. | Markierung: rot-weißer Doppelbalken**

## Côte Fleurie, Pays d'Auge und Côte de Nacre

Wie in diesem Bistro in Trouville brummt es überall an der ›normannischen Riviera‹. Zauberhafte Badeorte, so weit die Wellen schlagen, aber jeder ist anders. Pariser Chic im mondänen Deauville, wo Coco Chanel 1913 eine Boutique eröffnete. Hipsterbars in Trouville. Proust-Pilger auf der Suche nach der verlorenen Zeit in Cabourg. Die flachen Sandstrände der Côte de Nacre wurden früh vom Tourismus entdeckt und waren 1944 Schauplatz der alliierten Landung. Hinter der Küste beginnt das Pays d'Auge, ein normannisches Bilderbuchland mit fetten Wiesen, glücklichen Kühen und herausgeputztem Fachwerk.

Côte Fleurie, Pays d'Auge und Côte de Nacre ▶ Honfleur

# Honfleur 🗺 F 3

**Honfleur (7500 Einw.), der hübscheste Hafen der Normandie, die Perle der Côte Fleurie, hat Genies wie den Maler Eugène Boudin (▶ S. 56) und den Komponisten Eric Satie hervorgebracht.**

## WAS TUN IN HONFLEUR?

### Das alte Hafenviertel erkunden
Mit seinen hochgeschossenen, von Schiefer bedeckten Fassaden am Quai Ste-Catherine geht der **Vieux Port** auf das 17. Jh. zurück – eine Order des Sonnenkönigs Ludwig XIV. gab den Ausschlag. Zur Seeseite wacht die **Lieutenance** (16. Jh.), Sitz des königlichen Statthalters, erkennbar an den Ecktürmchen, über die Hafeneinfahrt. Auf deren gegenüberliegenden Seite steht das **Rathaus** (Hôtel de Ville) aus dem 19. Jh.
Es folgt am Quai St-Étienne die Kirche St-Étienne (1329), in der das **Musée de la Marine** (Kernöffnungszeiten Mi–Mo April–Sept. 10–12, 14–18, Febr./März, Okt.–Dez. 14.30–17.30 Uhr, 8 €, Nebensaison 6 €) mit einer Sammlung zur Seefahrtsgeschichte untergebracht ist. Direkt daneben zeigt das **Musée d'Éthnographie** (Rue de la Prison, Zeiten und Eintritt wie Musée de la Marine) in einem 500 Jahre alten Bau Möbel, Fayencen und Trachten aus Honfleur sowie einen Kurzwarenladen aus dem 19. Jh. und den alten städtischen Kerker.
Im engmaschigen **Enclos-Viertel** hinter dem Quai St-Étienne fällt das mittelalterliche Herrenhaus **Manoir de Roncheville** (Rue de la Ville) ins Auge. Dieselbe Straße führt zu den **Greniers de sel**, den über 300 Jahre alten Salzspeichern, die heute für Ausstellungen genutzt werden.

### Rund um Ste-Catherine brummt's
Die zweischiffige, komplett aus Holz erbaute **Kirche Ste-Catherine** (15. Jh.) ist allein wegen des separat stehenden Kirchturms und der mit Holzschindeln bekleideten Fassade ein Kuriosum. Samstags rücken die Stände des Wochenmarkts an die Kirchenmauern. In der **Rue des Lingots** blieben das alte Pflaster und die meisten Holzfassaden erhalten – zauberhaft. Ein besonderer Zauber geht auch von den **Maisons Satie** aus (88, rue Haute, Mai–Sept. Mi–Mo 10–19, Okt.–April 11–18 Uhr, Jan.–Mitte Febr. geschl., 6,30 €). Das Geburtshaus von Éric Satie (1866–1925) lockt mit surrealistischen Installationen zum Werk des Komponisten – sehr vergnüglich, inklusive geflügelter Riesenbirne und Karussell.

## SCHLEMMEN, SHOPPEN, SCHLAFEN

### 🛏 Sammlerglück
**Hôtel de l'Écrin**
Second-Empire-Villa mit üppigem Garten und Veranda. Salon, Rezeption mit Stuck, Lüster und Kamin. Die Patronne ist Sammlerin – man sieht's an den vielen Trouvaillen in den Zimmern.
19, rue Eugène Boudin, T 02 31 14 43 45, www.hotel-ecrin.honfleur.com, DZ ab 120 €

### 🛏 Hofidyll mit Salon de thé
**La Cour Ste-Cathérine**
Chambres d'hôte mit Design- und Trödelobjekten. In einem Altstadthaus mit Innenhof (Liegestühle!). Hinzu kommt der Salon de thé (April–Sept.).
74, rue du Puits, T 02 31 89 42 40, www.coursaintecatherine.com, DZ/F ab 120 €

### 🍴 Austern satt
**Entre Terre et Mer – Bar à huîtres**
Flippige Austernbar an quirligem Platz. Zur Auswahl stehen Meeresfrüchte und normannische Landküche.
28–30, place Hamelin, T 02 31 98 83 33, www.entreterreetmer-honfleur.com, tgl., Menü ab 33 €, Meeresfrüchteplatte ab 20 €

### 🍴 Cidre und Charcuterie
**Le Bacaretto**
Vergnügt, günstig, ohne Chichi – auch das geht in Honfleur. Tolle Bierkarte, Käse- und Wurstplatten, leckere Tages-

## Côte Fleurie, Pays d'Auge und Côte de Nacre ▶ Honfleur

gerichte. Und der Cidre kommt vom Bauernhof.
44, rue de la Chaussée, T 02 31 14 83 11, tgl., ab 15 €

### 🍴 Eis vom Bauernhof
**Glace de la Ferme du Bois Louvet**
Eis mit echten Früchten und aus guter Milch, das Ganze hausgemacht.
4, place de la Ville, T 02 32 57 66 76, Ostern–Mitte Mai, Okt.–Dez. Sa 12–20 Uhr, Mitte Mai–Sept. tgl.

### 🛍 Terroir und sonst Nichts
**Gribouille**
Cidre, Pommeau, Calvados, Poiré, Kutteln im Glas, Konfitüren – alles was die Normandie für Genießer zu bieten hat.
14, rue de l'Homme-de-Bois, www.gribouillehonfleur.com, tgl. außer Mi 9.30–13, 14–19 Uhr

### 🛍 Mode nicht von der Stange
**Gris Pomme**
Die schicke Boutique gegenüber der Mediathek führt unbekannte Designer und kleine Labels. Neben Mode gibt es Accessoires – allerdings nur für Frauen.
32, rue de la Ville, 10–13, 14–19 Uhr, Mo, Di geschl.

### 🛍 Märkte
**Place Ste-Catherine**
Sa 9–13 Uhr, mit erstklassigen Produkten, u. a. am Käsestand des Maître fromager Pennec. Mi folgt ein Biomarkt, und zum Flohmarkt jeden ersten So im Monat kommen 30 Händler.

### ☼ Quai Ste-Catherine
Das eher zahme Nachtleben spielt sich am **Quai Ste-Catherine** ab, etwa an den Theken der Bars **L'Albatros** (8–2 Uhr) und **Le Perroquet Vert** (Sommer 8.30–2, Winter 8–1 Uhr).

### 🌊 Beachen und Baden
**Plage du Butin** (Sand) am westl. Ortsrand, **Plage de Vasouy** etwas weiter, unterhalb der Côte de Grâce.

### 🚢 Bootstouren
Mit den Ausflugsschiffen **Évasion III** und **Lieutenance** in die Seine-Mündung bis Pont de Normandie.
Quai des Passagers, T 06 14 96 37 95, www.promenades-en-mer.com, April–Okt. gezeitenabhängig um 11.30, 14.30, 16.30 Uhr, 1,5 Std., 11 €

## INFOS UND TERMINE

**Office de Tourisme:** Quai Lepaulmier, T 02 31 89 23 30, www.ot-honfleur.fr. Hier Pass für 4 Museen der Stadt (13 €).
**Bus:** mit **Les Bus Verts** in die Nachbarorte und an die gesamte Côte Fleurie (Linie 20 u. 120), www.busverts.fr

*Nicht nur die Pie-Normande-Kuh trägt Brille, sondern auch dieser Hund in Honfleur. Ein Angeber? Nein, der schicke Badeort verpflichtet auch Vierbeiner.*

# Wiege einer Malerschule – **Impressionismus in Honfleur**

**Ab Mitte der 1860er-Jahre kündigt sich ein Umbruch in der europäischen Malerei an. Ihr Schauplatz: das Hafenstädtchen Honfleur. Ihre Protagonisten: die Impressionisten, deren Vorläufer Eugène Boudin und großer Wegbereiter Claude Monet sich an der Seine-Mündung trafen.**

»König des Himmels« – so bezeichnete Malerkollege Camille Corot den in bescheidenen Verhältnissen geborenen Eugène Boudin (1824–1898). Sein Geburtshaus liegt in der unauffälligen **Rue Bourdet** 1, Hausnummer 29. Der Sohn eines Seemanns entfernte sich zeitlebens kaum von Honfleur – er starb im nahen Deauville.

## Luxushotel in der Kunstschule

Boudin hatte das Glück, eine Kunstschule vorzufinden, die **École de St-Siméon** (20, rue Adolphe-Marais, heute das luxuriöse Landhotel **La Ferme St-Siméon** 2 – die Preise: Seufz!). Dort wurde seine Begabung erkannt. Nach der Ausbildung eröffnete er einen Papierwarenladen in Honfleur und nutzte die Fenster zur Ausstellung seiner Werke. Etwa ab 1860 verlässt Boudin das Atelier, um im Freien zu arbeiten. Es entstehen seine berühmtesten Werke, deren lapidare Titel wie »8. Oktober, Mittag, Nordwestwind« die akribische Dokumentation des Naturschauspiels verraten.

## Ein Museum nicht nur für Boudin

Das **Musée Eugène Boudin** 3 hat Boudin mit dem Malerfreund Louis-Alexandre Dubourg (1821–1891) 1861 geschaffen. In der ersten Etage wird die volkskundliche Sammlung von Désiré Louveau ausgestellt. Der Mäzen der Vorimpressionisten, der mit dem Kauf zahlreicher Werke deren Lebensunterhalt finanzierte, sammelte normannische Trachten und Dinge des Alltags.

Die Werke von Boudin – das Museum besitzt 92 Zeichnungen und Gemälde – hängen im zwei-

*Auf Leinwand oder fotografiert? Könnte auch ein unbekannter Maler sein, der diese Gasse in Honfleur verewigt hat.*

ten Stock. Weiter Himmel, Wolkengebirge und Wälder von Segelschiffsmasten vermitteln ein Bild vom Leben an der normannischen Küste in der zweiten Hälfte des 19. Jh. Dazu kommen (Früh-)Impressionisten, etwa Gustave Courbet und Johan Jongkind.

Auch Claude Monet (1840–1926) ist mit einer Strandszene aus Étretat und einer Ansicht der Kirche Ste-Catherine in Honfleur vertreten. Auf den Klippen von Ste-Adresse, dem Nobelviertel von Le Havre, soll Boudin dem jungen Kollegen den Weg zur Landschaftsmalerei gewiesen haben, den Wechsel von Licht und Wetter über dem Meer und das Strandleben als Sujets zu wählen.

»Impression, soleil levant« heißt das Gemälde, mit dem **Claude Monet** 1874 auf dem Pariser Salon des Indépendants eine künstlerische Revolution auslöste und der Stilrichtung ihren Namen gab: Impressionismus.

## Ein Garten für Prominente

Vom **Jardin des personnalités** 4 (Bd. Charles V, hinter Naturospace) schweift der Blick über die Seine-Mündung. Beete in Schiffsform huldigen den Promis der Künstlerkolonie von Honfleur. Die Beete von Boudin, Monet oder Baudelaire sind mit Blumen und Kräutern bepflanzt, die dem Charakter des jeweiligen Künstlers entsprechen sollen – versuchen Sie es zu erraten!

---

INFOS/ÖFFNUNGSZEITEN
**Musée Eugène Boudin** 3: Pl. Éric Satie, Kernöffnungszeiten Mi–Mo April–Sept. 10–12, 14–18, Febr./März, Okt.–Dez. 14.30–17.30 Uhr, 8 €, Nebensaison 6 €, unter 16 J. frei

---

VERANSTALTUNGEN
**Normandie Impressionniste:** www.normandie-impressionniste.fr. Hochkarätiges Festival, das die Normandie alle drei bis vier Jahre als Wiege des Impressionismus in Szene setzt. Nächster Termin 2020.

---

KULINARISCHES FÜR ZWISCHENDRIN
Eine Kunst ist das Eis vom Bauernhof **La Ferme du Bois Louvet** 1. Rein kommen nur echte Früchte und gute normannische Milch (4, pl. de la Ville, T 02 32 57 66 76, Ostern–Mitte Mai, Okt.–Dez. Sa 12–20 Uhr, Mitte Mai–Sept. tgl.).

**Faltplan:** F 3 | Stadtspaziergang: ca. 2,5 Std.

**Côte Fleurie, Pays d'Auge und Côte de Nacre** ▸ Trouville

**Fête de la Mer:** Pfingsten. Prozession, blumengeschmückte Kutter und Yachten
**Fête de la Crevette:** Ende Sept./Anfang Okt. Fest der Krabbenfischer. Mit Fischerbooten im Hafen und Verköstigung.

## IN DER UMGEBUNG

### Höhenflug
**Pont de Normandie**
Von der 215 m hohen Brücke (🕮 F 3) fliegt der Blick über die Seine-Mündung, wo zwischen dicken Tankern Segelboote tänzeln, und landeinwärts auf Auen und den breiten Fluss (Fußgänger, Rad, Motorräder frei, einfache Passage mit dem Auto 5,40 €, Retourticket 7,60 €).

### Ans schönste Stück der Côte Fleurie
**Panoramastraße**
Westlich von Honfleur führt die Panoramastraße (🕮 F 3) oberhalb der **Côte de Grâce** bis Trouville (15 km). Es geht durch Apfelwiesen und vorbei an Herrenhäusern zur romanischen Wehrkirche in **Criquebœuf.**

# Trouville 🕮 F 3

**Skandalautorin Marguerite Duras hatte eine Wohnung am Strand, und Gérard Depardieu stand oft an der Theke einer bekannten Hafenbar. Trouville (4700 Einw.) zieht die Pariser Prominenz an, doch im Gegensatz zu Deauville eher die unkonventionellen Promis.**

## WAS TUN IN TROUVILLE?

### An den Strand!
Trouvilles 2 km langer Sandstrand wird seit 1867 von einer Strandpromenade mit Holzplanken gesäumt, *les planches.* Den Auftakt machen an der Mündung der Touques das beheizte **Hallen-** (ganzjährig) und **Freibad** (Juli/Aug. 10–19 Uhr, sonst variabel). Es folgen die **Cures Marines,** ein nobles Thalassotherapiezentrum im Tortenbarock (www.lescuresmarines.com). Man flaniert weiter vorbei am Grandhotel **Les Roches Noires,** das zu Appartements umgewandelt wurde und in dem dann auch Marguerite Duras eine Wohnung hatte, sowie an Seevillen im normannischen Fachwerkstil. Den Schlusspunkt setzt der **Club Nautique** (▸ S. 59).

### Durch die Gassen schlendern
Von der **Halle aux Poissons,** der denkmalgeschützten Fischhalle am Boulevard Fernand Moreaux (Tipp: die Fischsuppe der **Poissonnerie Pillet-Saiter** zum Mitnehmen!), geht es vorbei an Belle-Époque-Fassaden und Caféterrassen, die sehr an Paris erinnern. Nachdem man in die umtriebige Hauptachse von Trouville, die **Rue Victor Hugo,** abgebogen ist, öffnen sich die fürs Stadtbild typischen sackgassenartigen Höfe, die wie grüne Idyllen mit dörflichem Charakter wirken, so etwa Rue des Jardins, Rue des Rosiers und Rue Bonsecours. Ziel des Weges ist das **Musée de Trouville** in der Villa Montebello (64, rue du Général Leclerc, Juni–Sept. Mi–So 10–12, 14–17.30, sonst Mi–Fr 14–17.30, Sa, So 10–12, 14–17.30 Uhr, 3 €). In der Second-Empire-Villa hängen Gemälde von Raoul Dufy, Kees Van Dongen und Karikaturen von Honoré Daumier.

## SCHLEMMEN, SHOPPEN, SCHLAFEN

### 🏠 Strandperle in Fachwerk
**Le Flaubert**
Hotel aus den 1930er-Jahren im englischen Cottage-Stil am Strand. Zimmer mit viel Charme und knarzendem Gebälk.
Rue Gustave Flaubert, T 02 31 88 37 23, www.flaubert.fr, Mitte März–Mitte Nov., DZ 129–209 €

### 🏠 Charmant gestrige Bleibe
**La Maison Normande**
Altmodisches Haus mit dem Charme der Sommerfrische von einst. Schlichte, ordentliche Zimmer.
4, pl. Maréchal de Lattre de Tassigny, T 02 31 88 12 25, www.la-maison-normande.com, DZ 67–98 €

## Côte Fleurie, Pays d'Auge und Côte de Nacre ▶ Deauville

### 🍴 Beschwingt und immer voll
**Bistrot des Quatre Chats**
Angesagtes Bistro mit traditioneller Bistroküche. Für den Absacker danach geht es über die Straße in die Bar des Quatre Chats (18–1 Uhr).
8, rue d'Orléans, T 02 31 88 94 94, Di/Mi, Nebensaison Mo–Do geschl., Menü um 40 €

### 🍴 Pariser Brasserie
**Les Vapeurs**
Bar-Brasserie seit 1927, nicht zu verfehlen wegen der roten Neonschrift. Treffpunkt aller Pariser Wochenendgäste.
160, bd. F. Moureaux, T 02 31 88 15 24, tgl. 9–24 Uhr, Menü ab 25 €

### 🛍 Torten und Tarten
**Pâtisserie Charlotte Corday**
Karamellbonbons mit Camembert, Petits fours, Kuchen, Tartes.
172, bd. F. Moureaux, Juli/Aug. tgl. außer Do 8–19.30, sonst Mi/Do geschl.

### 🛍 Normannische Schokoladen
**Les Marianik's**
Signature-Schokolade ist der »Camembert de Honfleur«, Schokolade mit Mandeln und Anis. Die Boutique liegt über dem Atelier.
Touques (2 km südl.), 8, quai Monrival, Mo–Fr 10–12.30 (Sa bis 13), 14.30–19 Uhr

### ☼ Wenn die Nacht beginnt
… wird es voll in den Bars und Bistros am **Boulevard Moureaux** und ums **Casino**.

### 🌊 Wassersport Ahoi!
**Club Nautique de Trouville-Hennequeville**
Segeln, Strandsegeln, Surfen.
Digue des Roches Noires, T 02 31 88 13 59, www.cnth.org, April–Mitte Dez.

### 🌊 Das Ufer wechseln
Bei Flut setzt ein **Pendelbötchen** vom Quai Albert-1er über die Touques-Mündung nach Deauville über (Juli/Aug. 9–22, sonst 9–19 Uhr, 1,20 €). Bei Ebbe geht man zu Fuß über einen Steg (0,50 €).

Von 1963 bis zu ihrem Tod 1996 hat **Marguerite Duras** in Trouville gelebt. Die Treppenstiege neben dem ehemaligen Grandhotel Roches Noires heißt Escalier Marguerite Duras. Auf der Gedenktafel für die Schriftstellerin steht einer ihrer schönsten Sätze: »Das Meer betrachten heißt das Leben betrachten«.

### INFO'S UND TERMINE

**Office de Tourisme:** 32, quai Fernand Moureaux, T 02 31 14 60 70, www.trouvillesurmer.org. In der Galérie du Musée Ausstellung mit Plakaten des Karikaturisten Signac
**Fête de la Mer et du Macquereau:** Gefeiert wird das Meer, und zwar mit Schiffsprozession, Segnung der Schiffe, Ball, Fischerchorälen, Makrelenverköstigung. Ende Juli/Anfang Aug.
**Festival Off-Courts:** Kurzfilmfestival, Gratisvorführungen im Kongresszentrum. Sept., www.offcourts.com

## Deauville 🗺 F 3/4

Elizabeth Taylor was here. Clint Eastwood auch. Und George Clooney. Alle Jahre wieder zieht das Festival des amerikanischen Films Hollywood-Stars nach Deauville (3700 Einw.). Für den Rest des Jahres zeigen sich die Pariser der besseren Viertel am Strand, hinter dem Coco Chanel bereits 1913 eine Boutique aufgemacht hat.

### WAS TUN IN DEAUVILLE?

### Den Pomp bestaunen
Das Herzstück der Promenade am Boulevard de la Mer bilden das im Fachwerkstil erbaute Luxushotel **Normandy**,

## Côte Fleurie, Pays d'Auge und Côte de Nacre ▶ Deauville

das **Casino** im Louis-XV-Stil und das bombastische **Hotel Royal.** Am Strand wandelt man über die Holzbretter der *planches* – Sehen und Gesehen werden ist alles. Die Umkleidekabinen der im Art-déco gebauten **Bains Pompéiens** sind nach Prominenten benannt. Zur Einkehr mit Meerblick lädt die schicke **Bar du Soleil** (April–Sept. tgl. 9–19, Rest des Jahres nur Sa/So 9–19 Uhr).

### Villen gucken und besichtigen
Von den rund 555 Villen lohnen besonders die **Villa Griseldis, Villa Camélia** oder **Les Abeilles** am Boulevard Eugène Cornuché einen Blick. Der imposanteste Bau aber steht unweit der Rennbahn, die 1907 im neonormannischen Stil der Belle Époque für die Rothschilds gebaute **Villa Strassburger** (Av. Strassburger, Führungen zu wechselnden Zeiten über das Office de Tourisme, 4,50 €).

### SCHLEMMEN, SHOPPEN, SCHLAFEN

#### ⌂ Lasst Blumen sprechen!
**Hôtel de la Côte Fleurie**
Zentral, still. Jedes Zimmer ist nach einer Blume benannt. Hübscher Innenhof, auch mit Blumen.
55, av. de la République, T 02 31 98 47 47, www.hoteldelacotefleurie.com, DZ ab 77 €

#### ⌂ Cottage à la normande
**L'Augeval**
Auftrumpfende 1900-Villa im Cottage-Stil in der Nähe des Hippodroms. Pool, komfortable, moderne Zimmer.
13, av. Hocquart de Turtot, T 02 31 81 13 18, www.augeval.com, DZ ab 85 €

#### 🍴 Bistro im Stil des 21. Jh.
**L'Essentiel**
Frische Bistroküche mit Asia-Einfluss, in modernem Interieur. Sommerhof!
29/31, rue Mirabeau, T 02 31 87 22 11, Di, außer Juli–Aug. auch Mi geschl., *formule* 25 €, Menü 35–65 €

#### 🍴 Fifties forever
**Le Comptoir et la Table**
Das Interieur ist aus den 1950ern, die Küche von heute. Nette Atmosphäre.
1, quai de la Marine, T 02 31 88 92 51, Mi geschl., *formule* 20 €, Menü 30–40 €

#### 🍴 Auf ein Eis
**Martine Lambert:** 50 Eis- und Sorbetsorten ohne künstliche Aromen, immer neue Kreationen. Und der Preis ist heiß.
76bis, rue Eugène Colas, Juli/Aug. 9–24, April–Juni, Sept. 10–19.30 Uhr

#### 🛍 Nobelmeilen
Schicke **Boutiquen** findet man hinter dem Casino und ums Hotel Normandy.

*Wer kennt James Mason oder Arlene Dahl? Die Promi-Namen der Bains Pompéiens in Deauville erinnern an die 1950er-Jahre. Aber mondän ist es hier immer noch.*

**Côte Fleurie, Pays d'Auge und Côte de Nacre** ▶ Houlgate

### 🛆 Märkte
Der **Wochenmarkt** an der Place Morny (Di, Fr, Sa, im Sommer tgl.), mit vielen Bioprodukten wird durch den **Fischmarkt** hinter der Passage ergänzt.

### ☼ Heiße Nächte, kühle Drinks
**Brok Café**
Das Brok bringt einen Hauch Havanna nach Deauville. Die Margeritas, Mojitos, Caipirinhas sind die besten weit und breit.
14, av. Charles de Gaulle, Juli/Aug. Di–So 17.30–3, sonst 18.30–2 Uhr

### ☼ Aufs Dach steigen
**Café Marius**
Rein kommen Sie durch eine schnieke Deko-Boutique, auf deren Dach Sie Cocktails, Champagner, Tartines genießen.
21, rue Gontaut-Viron, Mi, Nebensaison auch So abends geschl.

### ⊙ Beachen und Baden
2 km langer **Sandstrand,** mit bunten Badezelten – zu mieten bei den Établissements des Bains de Mer, Les Planches.

### ⊙ Wenn es im Meer zu kalt ist
**Piscine Olympique**
Ein Meerwasserschwimmbad im Olympiaformat.
Boulevard de la Mer, NS Mo–Di 11–14, 16–19, Mi 10–19, Fr 11–19, Sa 10–13, 15–19, So 10–16 Uhr, Sommer tgl. 9.30–19.30 Uhr, wochentags 4 €, Sa/So 5 €

### ⊙ Ausritte am Strand
**Club Hippique La Mangeoire**
Strandausritte mit Theoriestunde für einen halben (70 €) oder den ganzen Tag (95 €). Wer dann noch Sitzfleisch hat, belegt kann es Kurs in Polo, Horse ball oder Voltigieren.
Rue Reynaldo Hahn, T 02 31 98 56 24, www.lamangeoire-deauville.fr

### ⊙ Die Wellen reiten
**Centre nautique**
Verleih von Surfbrettern und Strandseglern sowie Kitesurf-Kurse.
Promenade Michel d‹Ornano, T 02 31 14 02 19

Schon seit den 1950er-Jahren behauptet sich Deauville als französische **Hauptstadt des Polo.** Der im Hippodrom ausgetragene Barrière Deauville Polo Cup gilt als entsprechend hochkarätige Veranstaltung (www.deauvillepoloclub.com).

### ⊙ Entspannen und Pflegen
**Thalasso de Deauville**
Das Thalasso-Zentrum bietet Halbtages- oder Tagesprogramme, ob Beauty oder Wellness, aber immer stilvoll.
3, rue Sem, T 02 31 87 72 00, www.thalasso-deauville.com

## INFOS UND TERMINE

**Office de Tourisme:** Pl. de la Mairie, T 02 31 14 40 00, www.indeauville.fr
**Festival du Film Américain:** Premieren US-amerikanischer Filme, Sonderreihen, Filmstars. Anfang Sept., www.festival-deauville.com
**Pferderennen:** Viel Society und eitles Schaulaufen. Höhepunkte sind neben den Rennen im Hippodrom die Versteigerungen der Yearlings (Einjährigen). Juli–Okt.

# Houlgate 🗺 E 4

**Der Badeort (2000 Einw.) zwischen der Mündung der Dives und den Klippen Vaches Noires bezaubert mit allem Glanz der Belle Époque: Ganz Houlgate scheint nur aus Villen zu bestehen.**

### Belle-Époque-Architektur
Der Eckdom des ehemaligen **Grand Hôtel,** 1859 als erstes Palasthotel der gesamten Küste errichtet, kann mit dem des Kaufhauses Printemps in Paris mithalten. Wie die meisten Hoteldino-

**Côte Fleurie, Pays d'Auge und Côte de Nacre ▸ Lisieux**

saurier der Belle Époque ist das Haus in Eigentumswohnungen unterteilt worden. Weitere Beispiele normannischer Bädervillenarchitektur stehen in der Rue Henri Dobert, an der Rue des Bains und der Avenue du Sporting

### 🏕 Ein Tipi am Wasser
**Le Camping de la Plage**
Nur 67 Plätze am Strand, in Gehnähe zum Zentrum. Vermietet werden auch Chalets, Tipis und nostalgische Schaustellerwagen.
59, rue Henri Dobert, T 02 31 28 73 07, www.camping-houlgate.com, Stellplatz 18–29 €/ 2 Pers.

### 🏕 Frischer Wind
**Villa Les Bains**
Aufgefrischte Villa mit coolen Zimmern, im ersten Stock mit Seeblick.
31, rue des Bains, T 02 31 24 80 40, www.hotelhoulgate.fr, DZ ab 98 €

### 🍴 Zu Tisch im Wintergarten
**L'Eden**
Hervorragende Fischküche, serviert im verglasten Wintergarten.
7, rue Henri Fouchard, T 02 31 24 84 37, außer Juli/Aug. Mo/Di geschl., *formule* 22 und 26 € (außer Sa/So abends), Menü 33–62 €

---
**IN DER UMGEBUNG**
---

### Mit Proust unterwegs
Aufgetakelte Villen und ein endloser Strand sind Markenzeichen von **Cabourg** (E 4, www.cabourg-tourisme.fr),

Was man von der **Route de la Corniche** oberhalb von Houlgate alles sieht? Erklärt minutiös eine Orientierungstafel an der kleinen Landstraße, die in Auberville abzweigt (D 163). Hier nur so viel: Der Blick über die Küste ist umwerfend.

in dessen Grand Hôtel Marcel Proust abzusteigen pflegte (▸ S. 64).

# Lisieux F 4

**Mit 20 800 Einw. die größte Stadt des Pays d'Auge und zugleich so etwas wie ein normannisches Lourdes. Bienvenue bei der ›kleinen Heiligen‹, alias Thérèse Martin, die mit 24 Jahren 1897 in Lisieux starb und 1923 heiliggesprochen wurde.**

### Der ›kleinen Heiligen‹ auf der Spur
Noch als Kind zog das Mädchen ins Karmeliterinnenkloster von Lisieux und lebte fortan fromm, verehrt von einer wachsenden Schar (www.therese-de-lisieux.catholique.fr). Die Kirche des **Klosters Carmel** huldigt ihr mit Reliquienschrein und persönlichen Gegenständen (37, rue du Carmel, nur Kirche zugänglich, 7.15–18.30 Uhr). **Les Buissonnets,** das Haus, in dem Thérèse Martin ab 1877 ihre Kindheit verbrachte, zeigt auf zwei Etagen Familienstücke (Chemin des Buissonnets, Ostern–Ende Sept. 10–12.30, 13.30–18 Uhr, sonst 10–12, 14–16 Uhr). Die neobyzantinische **Basilika** von 1929 ist reich mit Mosaikschmuck ausgestattet. 300 Stufen führen hoch in die gigantische Kuppel (Avenue Ste-Thérèse, April–Okt. 9–19, sonst bis 17.30 Uhr). Etwas Erbauungskitsch zum Schluss: Im **Diorama Thérèse Martin** werden mit Wachsfiguren Szenen aus dem Leben der Heiligen nachgestellt (Avenue Jean XXIII, April–Okt. tgl. 14–16 Uhr, Eintritt frei).

### Sonst noch was?
Ja doch, Lisieux ist noch etwas mehr als die hl. Thérèse. Da wäre zunächst die **Kathedrale St-Pierre,** ein gotischer Bau mit Chor und Westwerk aus dem 13. Jh. (9.30–18.30 Uhr). Hinter der Kathedrale erhebt sich in der Rue Henry Chéron das spätbarocke **Hôtel du Haut Doyenné,** ein Palast, der für den hohen Klerus im 18. Jh. gebaut wurde. Der ehemalige Bischofspalast aus dem 17. Jh. dient heute als **Palais de Justice** (Cour Matignon).

## Côte Fleurie, Pays d'Auge und Côte de Nacre ▶ Lisieux

Der französische Park davor soll von Le Nôtre entworfen worden sein. Bliebe noch das **Musée d'Art et d'Histoire**: In dem ehemaligen Fachwerkgasthof werden Ausgrabungsfunde vom 3. Jh. bis zu Fayencen des 19. Jh. gezeigt (38, bd. Pasteur, ganzjährig tgl. 14–18 Uhr, Eintritt frei).

### 🏨 Mit Blick auf die Kathedrale
**Comfort Hotel Cathedrale**
Das Haus gegenüber der Kathedrale punktet mit der zentralen Lage, den ausgesprochen geräumigen Zimmern und einem sehr freundlichen Empfang. Tipp: die Zimmer mit Blick auf die Kathedrale!
67, rue Henry-Chéron, T 02 31 48 27 27, www.comforthotelcathedrale.com, DZ ab 88 €

### 🍴 Weltliche Freuden
**Aux Acacias**
Charmant, mit einer Prise Minimalismus. Raffiniert: frische Gänseleber aus der Pfanne, Pilzflan mit karamellisierten Endivien.
13, rue de la Résistance, T 02 31 62 10 95, Do abends, So abends, Mo geschl., *formule* 16–23 € (unter der Woche, sonst Menü bis 42 €

### 🍴 Gesegneten Appetit
**Le Café de la Basilique**
Nette Bar-Brasserie im Schatten der Basilika, zu der auch ein Souvenirladen gehört. Modernes Ambiente, freundlicher Service, kleine Preise.
31–33, av. Ste-Thérèse, T 02 31 62 07 44, Mi und So–Di abends geschl., Menü 18–26 €

### ℹ️ Infos und Termine
**Office de Tourisme:** 11, rue d'Alençon, T 02 31 48 18 10, www.lisieux-tourisme.com
**Bus:** Les Bus Verts, pl. F. Mitterrand, T 08 10 21 42 14, www.busverts.fr. Nach Honfleur, Le Havre, Pont-L'Evêque

## IN DER UMGEBUNG

### Drei Wege zum Käse
In **Pont L'Évêque** (📍 F 4, 19 km nördl., www.blangy-pontleveque.com) soll vor 700 Jahren der gleichnamige Kuhweichkäse erfunden worden sein, den eine AOP schützt (www.fromage-normandie.com/fr/pont-eveque). Hübsch sind die Fachwerkzeilen im Quartier de Vaucelles. **Livarot** (21 km südl., unter www.lisieux-tourisme.com) ist Heimat des gleichnamigen Käses (www.fromage-normandie.com/fr/livarot). Die Käserei Graindorge lädt zu Führungen ein (42, rue du Général Leclerc, www.graindorge.fr, Mo–Fr 10–12.30, 14.30–17.30, Sa 10–13 Uhr). Und auch der König der Weichkäse stammt aus der Normandie, nämlich aus **Camembert** (39 km südl., ▶ S. 66).

### Calvados-Route
Der Besuch der drei berühmtesten Calvados-Brennereien (📍 F 4) des Pays d'Auge führt durch das Tal der Touques (10 km nördl.). Den Anfang macht in **Coudray-Rabut** die Brennerei Christian Drouin (Route de Trouville, www.calvados-drouin.com, Mo–Sa 9–12, 14–18 Uhr, Eintritt frei). Weiter geht's nach **Pont-l'Evêque** (📍 F 4) und zur Multimedia-Schau Calvados Experience (Route de Trouville, www.calvados-experience.com, April–Sept. 9.30–19, Okt.–März 10–13, 14–18 Uhr, 10 €). Hier erfährt man alles über den Apfelschnaps und verkostet die Calvados-Marke Père Magloire. 10 km südlich erreicht man in **Breuil-en-Auge** die Brennerei Château de Breuil (www.chateau-breuil.com, tgl. 9–12, 14–18 Uhr, 6 €). Überall kann man Calvados, Cidre und Pommeau kaufen.

### Cidre-Route
Das Dorf **Cambremer** (📍 F 4), 15 km westlich, ist so verbummelt, wie man es im bukolischen Pays d'Auge erwartet (unter www.lisieux-tourisme.com). Über den schmucken Platz verläuft die 40 km lange **Route du Cidre** (www.laroutedu cidre.fr). Am Dorfrand liegen die **Jardins du Pays d'Auge** (Avenue des Tilleuls, www.lesjardinsdupaysdauge.com, Mai–Sept. tgl. 10–18.30, April, Okt. Mo–Fr 10–17 Uhr, 8,50 €). Der Schaugarten wartet mit botanischen Schätzen und wiederaufgebauten Abbruchhäusern der Region auf. Im Restaurant gibt es Crêpes und Salate zum Cidre.

# #6

# Verlorene Zeit? – **mit Proust in Cabourg**

**Marcel Proust hat Cabourg in »Im Schatten junger Mädchenblüte« zum literarischen Denkmal des Fin de siècle erhoben. Auf der Suche nach den Spuren des Autors, der mit dem Romanzyklus »Auf der Suche nach der verlorenen Zeit« Weltliteratur geschrieben hat.**

*Marcel Proust ist in Cabourg allgegenwärtig. Da verneigt sich selbst das Grandhotel.*

Das Zimmer im **Grand Hôtel Cabourg,** von dem es heißt, es sei dasjenige von Proust gewesen, hat die Nummer 414. Parkett und einige Möbel sind original, die unter Glas ausgestellten Briefe des Schriftstellers hingegen Kopien.

## Balbec alias Cabourg

Mit Erkern und Türmchen aufgetakelte Villen scharen sich im Halbrund um das **Grand Hôtel Cabourg** 1 (www.accorhotels.com). Fächerartig laufen die Straßen auf die gepflegten Gärten vor dem Nobelhotel zu, in dem Marcel Proust (1871–1922) ein- und ausging. In seinem Werk heißt der Ort Balbec, doch Cabourg bleibt auf immer die mondäne Sommerfrische, in dem der literarische Porträtist eines untergehenden Zeitalters als Kind und später als Erwachsener jeden Windzug, die Sonne oder nächtliche Geräusche fürchtete.

## Ein Museum der Belle Époque

Prousts erster Besuch in Cabourg fiel ins Jahr 1881. Der Zehnjährige kam mit seiner Mutter. 1890 folgte ein zweiter Besuch. 1907 las Proust im »Figaro« einen Artikel über die Neueröffnung des Grandhotels, das bereits elektrisch beleuchtet und zentralbeheizt wurde. Fast alle Zimmer besaßen ein Bad. Es gab Aufzüge, ein Theater, Terrassenkonzerte und vor allem viel *beau monde,* soll heißen: Großbürger, Adelige, Industrielle, Pariser Intellektuelle und Künstler. Proust buchte und stieg bis 1914 jeden Sommer hier ab.

Der Erhalt der Fassade im Originalzustand ist der rührigen Arbeit der Marcel-Proust-Gesellschaft zu verdanken. Auch innen blieb einiges aus Prousts Tagen erhalten: die Eingangshalle mit Marmorsäulen, durch die man an die Bar **La Belle Époque** schreitet. Und im zur Strandpromenade ausgerichteten Restaurant **Balbec** 1 erinnert eine Plakette an den prominenten Gast. Selbst auf der Speisekarte bleibt Proust mit Lieblingsgerichten wie *sole meunière* (Scholle) und den unvermeidlichen Madeleines präsent.

## Auf dem Flanierdeich

Promenade des Anglais hieß die **Promenade Marcel Proust** 2 ursprünglich in Anspielung auf die zahlreichen britischen Gäste am Ende des 19. Jh. An der 2 km langen Promenade entlang dem Sandstrand reihen sich feudale Villen, die von der Glanzzeit des Badeorts zeugen. Tafeln mit Proustzitaten begleiten die Flaneure.

## In der Nachbarschaft

Cabourgs Nachbarort **Dives-sur-Mer** wird durch die Mündung der Divette vom mondänen Seebad getrennt. Vom heute verlandeten Hafen stach einst Wilhelm der Eroberer gen England in See. Schauen Sie sich unbedingt die **Markthallen** 1 in der Rue Paul-Canta aus dem 14./15. Jh. (samstags Markt!) und die romanisch-gotische **Kirche Notre-Dame** 3 (Rue Hélène Boucher, 9–12, 14–18 Uhr) an. Hat Proust nämlich auch besichtigt.

Das **Village d'art Guillaume le Conquérant** 2 mit vier aus dem 17. Jh. stammenden Höfen vereint unter seinen Dächern Restaurants, Antiquitätenhändler, Souvenirboutiquen und Kunsthandwerker (www.dives-sur-mer.fr/tourisme). Schon Proust hat das Ensemble geliebt. Vom heutigen Restaurantangebot wäre er allerdings sicherlich wenig angetan gewesen.

Anspruchsvoll bettet sich der Großschriftsteller. Um absolute Stille zu gewährleisten, mietete Proust drei Zimmer, und untersagte die Vermietung der Nachbarzimmer. 9000 Francs kostete der zweimonatige Aufenthalt, damals ein Vermögen.

### STÖBERN UND ENTDECKEN

Proust-Ausgaben, Proust-Devotionalien und die »Suche nach der verlorenen Zeit« als Comic finden Sie in Cabourgs **Maison de la Presse** 3 (11, av. de la Mer).

### KULINARISCHES FÜR ZWISCHENDRIN

Proust zu Ehren sollten Sie sich das **Balbec** 1 gönnen, auch wenn feudaler Saal, umwerfender Blick, exzellente Küche ihren Preis haben (Grand Hôtel, Promenade Marcel-Proust, T 02 31 91 01 79, mittags Mo–Fr geschl., Menü 69–105 €).

**Faltplan:** E 4 | Stadtspaziergang: 1,5 Std., mit Ausflug nach Dives-sur-Mer 3 Std.

# Ein Dorf macht Käsegeschichte – Camembert

**Marie Harel wäre längst vergessen, hätte nicht die französische Nationalversammlung in Paris 1790 die Zivilverfassung des Klerus beschlossen. Viele Geistliche flohen, und ihr Weg führte durch die Normandie, wo gläubige Seelen ihnen ein Versteck boten, so wie Marie Harel.**

Näheres erfährt man im **Musée du Camembert** 1 in Camembert. Das Museum in einem typischen Bauernhof des Pays d'Auge erzählt die Geschichte der 1761 in Crouttes geborenen Marie Harel, die nach Camembert einheiratete und 1844 in Vimoutiers starb. Marie gewährte während der Revolution Charles-Jean Bonvoust, Benediktiner aus Rouxville, in einer Geheimkammer hinter dem Kamin ihres Gehöfts Unterschlupf. Als Dank habe der Gast ihr das seit Mönchsgenerationen gehütete Rezept eines Weichkäses verraten.

Die Marktchancen des Camemberts erkannte aber erst die Tochter der ›Käseerfinderin‹. Marie Harel junior eröffnete auf dem Markt im nahen Vimoutiers einen florierenden Handel. Marie Harels Enkel Victor Paynel gelang es später, Hoflieferant von Napoleon III. zu werden. Der Camembert wurde zum »weißen Gold« der Normandie.

*Weißes Gold am Fließband: der echte Camembert fermier schmeckt nicht nach Plastik.*

## An der Käsebar

Die dem Museum gegenüberliegende **Maison du Camembert** ist zugleich Boutique mit Souvenirartikeln und **Bar à fromages** 1: Neben Camembert umfasst ein Käseteller (8,50 €) alle AOP-Käse der Region, und Cidre gibt es ebenfalls. Beim kurzweiligen Rundgang inklusive Audioguide erfahren Sie mit der Nase und den Händen, was einen echten Camembert ausmacht.

## Bei Marie zuhaus

Der **Manoir de Beaumoncel** 2, in dem die Bäuerin den Mönch versteckt haben soll, ist ein stattlicher Gutshof oberhalb des Dorfs. In der **Kirche Notre**

**ÜBRIGENS**

Großzügigkeit zahlt sich aus, doch, doch! Im Ersten Weltkrieg stifteten die Camembert-Erzeuger der Normandie den Soldaten an der Front über eine Million der runden Kuhkäse. So wurde der Camembert zur nationalen Ikone.

**Camembert** #7

**Dame** 3 unterhalb des Anwesens schritt Marie 1785 mit Jacques Harel vor den Traualtar. Camembert hat sich seither kaum verändert: ein Dutzend Fachwerkhäuser am Hang des Viette-Tals, Wiesen, schon steht man wieder am Ortsschild.

## Der letzte echte Camembert

Ganze sieben (!) Bauern stellen in der Normandie noch Rohmilchkäse her, den *camembert fermier*. In Camembert repräsentiert die Fromagerie Durand das Fähnlein der Aufrechten. Auf der **Ferme de la Héronnière** 4 knapp 3 km westlich wird mit 40 Kühen durchschnittlich 1200 l Milch pro Tag produziert. Im Sommer stehen die Kühe auf der Weide, im Winter wird Heu verfüttert – Silofutter oder Mais kommen nicht in den Trog. Der maximal auf 34 °C erhitzte Rohmilchkäse schmeckt je nach Jahreszeit anders – am würzigsten ist der *camembert fermier* im Sommer. Durch Guckfenster kann man die Produktion beobachten, und dann an einer Dégustation teilnehmen..

**P PORTRÄT**

Wer hat schon eine **Camembertschachtel** mit dem eigenen Konterfei auf dem Tisch stehen? Für die Besucher der Maison du Camembert kein Problem. Am Automaten können Sie sich für 2 € ein Camembertetikett mit Ihrem Porträt machen lassen.

---

INFOS/ÖFFNUNGSZEITEN
**Internet:** www.fromage-normandie.com, Geschichte des Camemberts, Einkaufsadressen, Veranstaltungen
**Musée** 1 **und Maison** 🛍 **du Camembert:** Le Bourg, Camembert, www.maisonducamembert.com, Museum Mai–Sept. Kernöffnungszeiten tgl. 10–11.30, 14–16.30 (Juni–Aug. bis 17.45) Uhr, März, April, Okt. nur Mi–So, Boutique im Sommer bis 18.30 Uhr
**Ferme de la Héronnière** 4 **:** Route de Trun, April–Sept. Mo–Sa 10–12.30, 15–17 Uhr, fb.com/FromagerieDurand

NOCH MEHR
Geehrt wird der Camembert auch in **Vimoutiers:** mit Statuen für die normannische Kuh und Marie Harel. Ein weiteres **Musée du Camembert** 5 (10, av. du Général de Gaulle, April–Okt. Di–So 14–17.30 Uhr) zeigt rund 3000 Camembert-Etiketten. Ist natürlich alles nichts gegen das Etikett mit Ihrem Porträt aus Camembert (s.o.).

KULINARISCHES FÜR ZWISCHENDRIN
Das Restaurant **Le Hérisson** 2 in Vimoutiers serviert Salate, Tagesgerichte und *crousti'flam,* eine Art Flammkuchen aus Biobuchweizenmehl, etwa mit Biocamembert (3, rue du 14 Juin, T 02 33 12 93 44, www.restaurant-leherisson.fr, So, Mo geschl.).

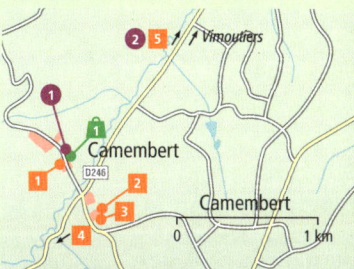

**Faltplan: F 5 | Landausflug: 2 Std.**

# Beuvron-en-Auge

 E 4

Das Fachwerk so makellos, in der alten Markthalle ein Sternerestaurant. An den Fassaden wuchern Kletterrosen, in den Lebensmittelladen gibt es Feinkost- und Bioprodukte. Zu schön, um wahr zu sein? Von wegen, im Dörfchen Beuvron-en-Auge mit nur 200 Einwohnern ist alles echt.

### Dorfluft schnuppern
Die **Place Michel Vermughen** ist ein Dorfplatz wie aus dem Bilderbuch: mit Fachwerkfassaden, Cafés und einer alten Markthalle. Letztere ist jedoch so alt nicht. Das Original wurde 1958 für einen Parkplatz abgerissen – und 1975 aus alten Bauelementen wieder aufgebaut.

### Geleiktes Fachwerk
**Aux Trois Damoiselles**
Das picobello sanierte Fachwerkgehöft verwöhnt mit gepflegten Zimmern.
Pl. Michel Vermughen, T 02 31 39 61 38, www.auxtroisdamoiselles.com, DZ 75–130 €

### Hinter hohen Mauern
**Le Clos fleuri**
Eine hohe Mauer trennt das alte Gehöft vom Dorfplatz. Die Gästezimmer im Fachwerkbau aus dem 18. Jh. versprühen ländliche Heiterkeit. Der Garten im Hof lädt zum Verweilen ein.
23, Pl. Michel Vermughen, T 02 31 39 00 62, www.leclosfleuri-14.fr, DZ/F 72 €

### Très chic
**Le Pavé d'Hôtes**
Fünf schicke, modern eingerichtete Gästezimmer, teils mit Terrasse, in einem Bau aus dem 19. Jh. mit Garten.
Le Bourg, T 02 31 39 39 10, www.pavedauge.com, DZ/F ab 108 €

### Für Feinschmecker
**Le Pavé d'Auge**
Feinschmeckerrestaurant in der restaurierten Markthalle. Grandios: Ente mit Apfel-Blutwurst-Chutney, Grand Marnier-Soufflé.
Pl. Michel Vermughen, T 02 31 79 26 71, www.pavedauge.com, Mo, außer Juli–Aug. auch Di geschl., Menü 41–72 €

### Wandern
Von der **Chapelle de Clermont-en-Auge** (12. Jh.) reicht das Panorama weit übers Pays d'Auge. Der Weg zur Kapelle ist ab dem Dorfplatz ausgeschildert (ca. 3,5 km).

### Infos
**Point d'Information – Relais de la Route du Cidre:** 2, esplanade Woolsery, Mai, Juli–Aug. tgl. 10–13, 14–19, März, April, Juni, Sept., Okt. Mo–Sa 10–13, 14–18 Uhr. Mit Verkauf von Cidre und regionalen Produkten

---

## IN DER UMGEBUNG

### Eine Burg von einem Dorf
**Crèvecœur-en-Auge** ( F 4, 11 km südl.) ist ein hübsches Dorf, dessen Wahrzeichen und Besuchermagnet die romantische **Wasserburg** ist (www.chateau-de-crevecoeur.com, Ostern–Sept tgl. 11–18, Okt. nur So 14–18 Uhr, 8 €). Zur Burg (11. Jh.) gehören ein Schaubauernhof mit Fachwerkausstellung, ein Taubenturm, ein Obstgarten mit normannischen Apfelsorten, ein Hühnerstall sowie eine Schau zum Leben der Unternehmerbrüder Schlumberger.

# Bayeux  D 4

Die Hauptstadt des Bessin (13 700 Einw.) wurde als einzige Stadt der Normandie vom Zweiten Weltkrieg verschont und sieht aus der Ferne aus wie auf einem alten Stich.

---

## WAS TUN IN BAYEUX?

### Die Kathedrale bestaunen
Ein Bummel durchs Zentrum beginnt am besten mit der **Kathedrale** (Rue du

## Côte Fleurie, Pays d'Auge und Côte de Nacre ▶ Bayeux

Bienvenu, Kernöffnungszeiten tgl. 9–17, Juli–Sept. bis 19 Uhr, Führungen über OdT Juli/Aug. 5 €). Das alles beherrschende Gotteshaus wurde im 11. Jh. von Bischof Odon, einem Weggefährten Wilhelms des Eroberers, erbaut. Einmalig ist der romanische Wandschmuck mit skandinavischen und orientalischen Einflüssen. Von Mitte Juli bis Ende August wird die Kathedrale außen bei Einbruch der Dunkelheit für eine Lichtbilderschau spektakulär beleuchtet.

### Der noble Zauber der Provinz
Bayeux ist die Stadt der Stadtpaläis, frz. *hôtel particulier*. Auf der Südseite der Kathedrale fällt der Blick auf das **Hôtel du Doyen** (Rue Lambert-Leforestier). Der barocke Palast war einmal Sitz der Bischöfe von Bayeux und zählt zu den prachtvollsten Bauten im Zentrum. In der Rue Franche reihen sich das **Hôtel de Rubercy** (17. Jh.), das **Hôtel de la Crespelière** (18. Jh.) und der **Manoir de St-Manivieu**. In der Rue Bourbesneur fällt das **Hôtel du Gouverneur** (Nr. 10, 15. Jh.) ins Auge. In der Rue de la Maîtrise überrascht das mit zwei imposanten Schornsteinen ausgestattete **Hôtel Morel de la Carbonnière** aus dem Jahr 1642. Entlang der Rue St-Martin und der Rue St-Malo, der geschäftigen Hauptachse von Bayeux, folgen etliche weitere Beispiele. Ein Prospekt des Office de Tourisme führt von einem Palais zum nächsten.

## MUSEEN, DIE SICH LOHNEN

### Beim Bischof zuhaus
Auch das **Musée d'Art et d'Histoire Baron Gérard** kam in einem Stadtpalais unter – der Bau neben der Kathedrale ist der ehemalige Bischofspalast. Das Kunst- und Geschichtsmuseum der Stadt lohnt daher allein wegen der prachtvollen Ausstattung den Besuch, ganz zu schweigen vom innovativen Ausstellungskonzept und den kostbaren Sammlungen. Zu sehen sind 2000 Jahre Stadtgeschichte, von römischen Grabungsfunden bis zu Malerei des 20. Jh.
37, rue du Bienvenu, www.bayeuxmuseum.com, Febr.–April, Okt.–Dez. tgl. 10–12.30, 14–18, Mai–Sept. 9.30–18.30 Uhr, 7,50 €

### Alles Spitze
Das **Conservatoire de la Dentelle** ist die letzte Spitzenmanufaktur von Bayeux und zugleich ein sehr lebendiges Museum, weil auch Schule für Spitzenklöppler/-innen. Bei Vorführungen kann man sich in die Kunst des Klöppelns vertiefen.
Maison Adam-et-Eve, 6, rue du Bienvenu, www.dentelledebayeux.free.fr, tgl. außer So 9.30–12.30, 14.30–18, Mo, Do nur bis 17 Uhr

*Mittelalterlicher Humor: ein Waschweib an der Traufe der Kathedrale in Bayeux kotzt das Regenwasser den Passanten vor die Füße. Aber gerade regnet es nicht!*

# 70 Meter Hauen und Stechen – **die Bayeux-Tapisserie**

**Alle Schilder führen in Bayeux zur Tapisserie im Centre Guillaume-le-Conquérant, die die Geschichte der Eroberung Englands in Bildern erzählt. Es geht um Hauen und Stechen, Lug und Betrug, Liebe, Lust und Leid. Unterhaltsamer als jeder Comicstrip!**

## Aus dem Leben der Wikinger

Die Tapisserie wird in den Mauern eines barocken ehemaligen Priesterseminars, dem **Centre Centre Guillaume-le-Conquérant** [1], gezeigt. Der Rundgang beginnt in der **Salle Guillaume**. Eine Video-Ton-Schau stellt die Wikinger vor: Krieger aus dem Norden Europas. Es folgt eine Erklärung einiger Szenen: Man erfährt etwa, dass die Schlacht zu Hastings zehn Stunden dauerte. Schließlich wird England zu Zeiten Wilhelms des Eroberers vorgestellt.

Vermutlich 1077 wurde die Tapisserie zum ersten Mal in der Kathedrale von Bayeux gezeigt. Dort hat sie die Jahrhunderte überdauert, bevor die Stoffbahn während der Revolution zerschnitten wurde, um sie als Abdeckplane für Armeewagen zu benutzen. Die Rettung kam 1793 in letzter Minute durch einen beherzten Bürger.

*Der Eroberer steht: Da segelt er im Drachenboot der Normannen gen Engelland.*

## Auf Wilhelms Spuren

In der **Salle Mathilde** visualisieren Karten und Zeichnungen die Wege Wilhelms durch die Normandie sowie durch England von der Landung in Pevensey bis zur Krönung in London. Ein Film schildert die Ereignisse von 1064–1066.

## Bilder machen Geschichte

Das Licht in der abgedunkelten **Galérie de la Tapisserie** ist voll auf den Teppich konzentriert. Fabelwesen, wilde Tiere, Bauern und Nackte mit erigiertem Penis begleiten im Schmuckstreifen oben und unten das Hauptgeschehen. Die

**ÜBRIGENS**

Chantal James, die das Atelier **Bayeux Broderie** unweit der Kathedrale führt, darf als einzige Kunsthandwerkerin Szenen der Tapisserie reproduzieren und verkaufen (24, rue Nesmond, April–Okt., www.bayeux-broderie.com).

stickenden Kirchenfrauen oder -männer gingen sehr detailfreudig ans Werk. »La Telle du Conquest«, Erzählung der Eroberung, heißt die Tapisserie offiziell. Erzählt wird die Geschichte in 58 Bildern. Das letzte Stück, auf dem wohl Wilhelms Krönung in Westminster zu sehen war, fehlt.

## Zum Hauptgeschehen

Eduard der Bekenner, König von England, wählt Herzog Wilhelm zum Nachfolger. Überbringer der Nachricht ist Harold Godwinson, der Graf von Wessex. Der wird in der Normandie aber festgesetzt und kommt erst durch Wilhelms Intervention frei. Um seine Freiheit zu erlangen, schwört Graf Harold Herzog Wilhelm den Treueeid, anschließend erobern beide zusammen die Bretagne. Wilhelm verspricht Harold zum Dank seine Tochter Aelfgyve.

Nach Eduards Tod aber wird Harold von Englands Adligen zum König von England gekrönt. Wilhelm lässt eine Kriegsflotte bauen und sticht in See. Das bei Pevensey gelandete normannische Heer zieht gen Hastings. In der Schlacht stirbt Harold durch einen Pfeil ins Auge. Am Abend des 14. Okt. 1066 ist die Schlacht der Normannen gegen die Angelsachsen entschieden: Der König von England heißt Wilhelm, genannt der Eroberer.

Probleme, dem hollywoodreifen Plot zu folgen? Ein **Audioguide** hilft, die dramatischen Ereignisse zu verstehen – wie Wilhelm (Guillaume le Conquérant), Herzog der Normandie, England erobert und Harold Godwinson tötet. Für Kinder gibt es eine spezielle Version mit Anekdoten zu Wilhelm dem Eroberer und Harold, dem fiesen Verräter.

---

INFOS/ÖFFNUNGSZEITEN
**Centre Guillaume-le-Conquérant** 1: Grand Séminaire, 13bis, rue Nesmond, www.tapisserie-bayeux.fr, Jan. geschl., März–Okt. 9–18.30 (Mai–Aug. bis 19), sonst 9.30–12.30, 14–18 Uhr. Letzter Einlass 45 Min. vor Schließung, 9,50 € inkl. Audioguide, erm. 5 €, bis 10 Jahre frei

KULINARISCHES FÜR ZWISCHENDRIN
Im **Le Pommier** 1, zu Deutsch ›Der Apfelbaum‹, wird eine durch und durch normannische Regionalküche serviert. Auch das heimelige Fachwerk setzt Zeichen (40, rue des Cuisiniers, T 02 31 21 52 10, Nebensaison So geschl., *formule* 15 €, Menü mittags unter der Woche 18 €, sonst 26–36 €).

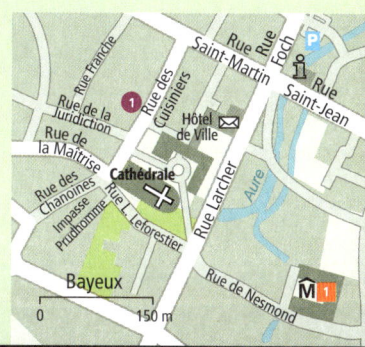

**Faltplan:** D 4 | **Museumsbesuch:** ca. 1,5 Std.

## Côte Fleurie, Pays d'Auge und Côte de Nacre ▸ Bayeux

### Die große Schlacht
Das **Musée-Mémorial de la Bataille de Normandie** am südlichen Stadtrand (Boulevard Fabian Ware, Febr.–April, Okt.–Dez. tgl. 10–12.30, 14–18, Mai–Sept. 9.30–18.30 Uhr, 7,50 €) würdigt den alliierten Vormarsch des Jahres 1944. Auf der anderen Straßenseite liegen der **Cimetière Britannique** (freier Zugang) mit fast 5000 Gräbern britischer Gefallener und das **Mémorial des Reporters,** ein Gedenkparcours zu Ehren der über 2000 seit 1944 in aller Welt bei Ausübung ihres Berufs getöteten Reporter.

## SCHLAFEN UND SCHLEMMEN

### 🏠 Stilecht im Stadtpalais
**Hôtel d'Argouges**
Palais aus dem 18. Jh. Zentral und ruhig, mit Innenhof und Innenhof und Park hinter dem Anwesen. Zum Dahinsinken: die alten Salons.
21, rue St-Patrice, T 02 31 92 88 86, www.hotel-dargouges.com, DZ ab 85 €

### 🏠 Linden vorm Fenster
**Le Petit Matin**
Von den fünf Gästezimmern im Barockpalais geht der Blick auf die prachtvollen Lindenalleen an der Place Charles de Gaulle. Zimmer in Pastelltönen mit Holzböden.
9, rue des Terres, T 02 32 10 09 27, www.chambres-hotes-bayeux-lepetitmatin.com, DZ/F ab 85 €

### 🏠 Luxus-Hideaway
**Tardif Noble Guesthouse**
Fünf individuell, z. T. mit Antiquitäten möblierte, luxuriöse Chambres d'hôtes in einem Palais mit Garten. Zentral und ruhig.
57, rue Larcher, T 02 31 92 67 72, www.hoteltardifbayeux.com, DZ/F ab 110 €

### 🍴 Hier passt alles
**L'Angle St-Laurent**
Heimeliges Interieur mit Gebälk und Naturstein, eine Küche, die mit Austern aus dem Cotentin und Ferkeln aus Bayeux die Region feiert.

2, rue Bouchers, T 02 31 92 03 01, Sa mittags, So abends, Mo geschl., *formule* 16, Menü 33–44 €

### 🍴 Wenige Plätze
**Au Ptit Bistro**
Der Saal im Retro-Chic ist klein, der Ruf der kreativen, nach Marktangebot wechselnden Küche groß.
31, rue Larcher, T 02 31 92 30 08, Sa mittags, So, außer April–Okt. auch Mo abends geschl., Menü 18 (mittags), 29–36 €

### 🍴 Mit Schnörkel und Stuck
**A la Reine Mathilde**
Salon de thé und Pâtisserie im denkmalgeschützten Second-Empire-Interieur.
47, rue St-Martin, Di–So 9.30–19 Uhr

## INFOS

**Office de Tourisme:** Pont St-Jean, T 02 31 51 28 28, www.bayeux-bessin-tourisme.com

## IN DER UMGEBUNG

### Der Hafen von Bayeux
**Port-en-Bessin-Huppain** (📖 D 4) ist der Bayeux am nächsten gelegene Hafenort. Der zugleich wichtigste Hafen des Bessin (Jakobsmuscheln!) hat abgesehen vom Festungsturm von Vauban (17. Jh.) viel Atmosphäre längs der quirligen Kais zu bieten. Sonntagmorgens ist Markt. Führungen zur Criée, der Fischversteigerungshalle, oder zum Hafen organisiert das Centre Culturel Léopold Sédar Senghor (T 02 31 21 92 33, www.portenbessin-huppain.fr/visites).

### Ein Schloss des Barock
Das **Château de Balleroy** (📖 C 4) wurde 1631 von Mansart erbaut. Wandmalereien, Gemälde und Mobiliar stammen aus dieser Zeit. Den französischen Park hat Le Nôtre angelegt. Das Schlossmuseum im Eingangspavillon widmet sich der Ballonfahrt.
www.chateau-balleroy.com, April–Juni, Sept. Mi–So, Juli–Aug. tgl 10.45–18 Uhr. Kombiticket für Schloss, Museum, Park 9 €

# An der Côte de Nacre – **Schauplätze des D-Day**

**6. Juni 1944, 0:05 Uhr, D-Day: Im Schutz der stockdunklen Nacht landen britische Fallschirmspringer zwischen der Orne-Mündung und Arromanches. An der Côte de Nacre hat ›Overlord‹, eine der größten Militäroperationen der Menschheitsgeschichte, begonnen.**

Nachts springen amerikanische Soldaten bei Ste-Marie-du-Mont auf dem Utah Beach ab. Bei Tageseinbruch bombardieren 6000 Flugzeuge und eine Armada von ebenso vielen Schiffen die deutschen Küstenstellungen des Atlantikwalls. Kurz darauf rollen amerikanische Fahrzeuge und Mannschaften von ihren Schiffen auf die flachen Sandstrände zwischen Port-en-Bessin-Huppain und St-Martin-de-Varreville. Westlich von Arromanches nehmen Kanadier und Briten Gold Beach, Juno Beach und Sword Beach ein.

Am Ende des D-Day stehen 154 000 alliierte Soldaten in der Normandie. Um 20 Uhr ist die Straße von Bayeux nach Caen in ihrer Hand – anders gesagt, der Weg der Alliierten von Westen nach Paris ist frei. Am 21. August endet die blutige Schlacht um die Normandie in Tournai-sur-Dives.

## Die Routes du Débarquement

Gut 70 Jahre später sind die Schauplätze des D-Day touristische Magnete. Allein die 30 Museen ziehen jährlich rund 3 Mio. Besucher an. Bei den Ausstellungen, Filmen, Tafeln überwiegt ein sachlicher Ton und der Wunsch nach historisch korrekter Darstellung. Die Befreiung von faschistischer Gewaltherrschaft und deutscher Besetzung sowie der Wunsch nach Frieden für Europa stehen im Vordergrund. Acht »Routes du Débarquement« folgen den Orten der Landungsoffensive. Von Arromanches bis Quinéville vereinen sich die Routen »Overlord-l'Assault, D-Day Le Choc« und »Objectif Un Port« zu einer Tour längs der Plages du Débarquement – der für die

*Jetzt lachen sie noch, dann sterben sie. Niemand hat das Grauen am Omaha Beach so in Szene gesetzt wie Steven Spielberg in »Saving Private Ryan«. Muss man sehen, um zu verstehen. Ausschnitte zeigt das 2013 eröffnete Overlord Museum in Le Bray (www.overlordmuseum.com).*

#9 Schauplätze des D-Day

*Vor Arromanches versenkten die Alliierten 115 bis zu 6000 t schwere Stahlbetonteile im Meer. Nach zwölf Tagen war der Hafen fertig, rund 400 000 Fahrzeuge und 3 Mio. t Material konnten angelandet werden. Heute nutzt manch ein Badegast die Pontons als Schattenspender.*

Erfahren Sie mehr über das Leben und Überleben der Zivilbevölkerung im Zweiten Weltkrieg im **Mémorial des Civils dans la Guerre** in Falaise (📖 E 5). Und trotzdem: 20 000 tote Zivilisten, 50 ausradierte Dörfer und Städte in der Normandie. Ergreifend!
12, pl. Guillaume le Conquérant, www.memorial-falaise.fr, Anfang April–Anfang Nov. tgl. 10–12.30, 13.30–17.30, Anfang Juli/Aug. tgl. 10–18 Uhr, Sept.–Mitte Okt. Mo geschl., 7,50 €

Landung günstigen, weil breiten Sandstrände der Départements Calvados und Manche.

## Ein Hafen im Meer

In **Arromanches** 1 tauchen bei Ebbe die Reste des von den Alliierten unter schwerem Beschuss angelegten künstlichen Hafens aus dem Meer auf. Im **360-Grad-Kino** über dem Ort vermittelt der Film »Le Prix de la liberté« eine Einführung in das Thema – ohne falsches Pathos, ohne blutrünstige Untertöne. Das **Musée du Débarquement** erklärt mit Modellen den Bau des künstlichen Hafens.

Etwas weiter westlich, bei **Port-en-Bessin**, überragt das **Omaha Beach Memorial** den breiten Sandstrand. Bei **Longues-sur-Mer** blieb ein deutscher Bunker erhalten, dessen Scharfschützen über 2000 US-Soldaten in den Tod rissen.

## Kreuze in Reih und Glied

In **Colleville-sur-Mer** 2 erinnert der Cimetière Américain mit endlosen Reihen weißer Kreuze daran, wie hoch die Verluste waren: 9387 Soldaten liegen am Meer begraben (www.abmc.gov, ganzjährig tgl. 9–17, sommers bis 18 Uhr). An der nahen **Pointe du Hoc** 3 (10 km westl.) kämpften die Ranger erbittert um eine deutsche Geschützstation. Einige Kilometer landeinwärts liegen 21 222 deutsche Soldaten auf dem Cimetière Allemand von **La Cambe** 4 begraben, an dessen höchster Stelle ein Basaltkreuz steht (9 km südl. von Grandcamp-Maisy via D 514, Sommer 8–19.30, Winter 8–17 Uhr). Den Friedhof beschirmen die 1200 Ahornbäume des **Jardin de la Paix.**

## Tod im Fallschirm

Für einen amerikanischen Fallschirmspringer wurde der Kirchturm von **Ste-Mère-Eglise** 5 zum Verhängnis: John Steels Fallschirm verfing sich in der Nacht des 6. Juni 1944 am Turm – die Episode ist durch den Hollywoodklassiker »The longest Day« berühmt geworden. Im **Musée Airborne** wird der gewaltige Kraftakt deutlich, den die alliierte Luftwaffe zum Transport von Fallschirmspringern, Bodentruppen und Material aufbringen musste.

Der D-Day ist bis heute erstaunlich präsent, nicht nur durch alte Bunker oder neue Monumente. Entlang der Küste bewahren etliche **Scheunenmuseen** große und kleine Dinge, die die US Army zurückließ, als sie auf Paris vorrückte.

---

INFOS/ÖFFNUNGSZEITEN
**In Arromanches** 1
**360-Grad Kino:** Chemin du Calvaire, www.arromanches360.com, Mai–Aug. 9.30–18, sonst 10–17/17.30 Uhr, Jan. geschl., halbstündlich Vorführungen, 6 €
**Musée du Débarquement:** Pl. du 6 Juin, Arromanches, www.musee-arromanches.fr, Mai–Aug. 9–19, sonst 10–12.30, 13.30–17/18 Uhr, 8 €
**In Ste-Mère-Eglise** 5
**Musée Airborne:** 14, rue Eisenhower, www.airborne-museum.org, Mai–Aug. tgl. 9–19, sonst 10–18 Uhr, 9,90 €

**Internet:** www.normandie-dday.com

KULINARISCHES FÜR ZWISCHENDRIN
In Port-en-Bessin-Huppain gibt es ein Restaurant mit dem ungewöhnlichen Namen **Le 6.3 Resto Home** 1: mehr Guesthouse als Hotel, was die Zimmer angeht, doch bei Tisch fast eine *grande table* (63, rue de Bayeux, T 02 31 92 17 66, Nebensaison So abends–Mi mittags geschl., Juli/Aug. abends tgl. u. So mittags geöffnet, DZ/F 90 €, *formule* 22, Menü 28–34 €).

**Faltplan:** B–D 3/4 | Autotour ab Arromanches, ca. 90 km

# #10

# Wohnen im Herrenhaus – **Schlosshotels im Bessin**

**Das bäuerliche Bessin zählt mehr Herrenhäuser und große Gutshöfe als jeder andere Landstrich der Normandie. Wuchtige Mauern, hohe Kamine und Ecktürmchen prägen daher das Umland von Bayeux. Die schönste Nachricht lautet: In viele Häuser kann man sich auch einmieten.**

*Erinnert an Dornröschens Schloss, kann man aber mieten ... ohne 100 Jahre warten zu müssen.*

**Ü ÜBRIGENS**

Manoir oder Manor House? Viele Herrenhäuser stammen aus der Zeit des Hundertjährigen Kriegs mit England, wurden von den damaligen Besatzern gebaut und verweisen auch architektonisch auf die andere Seite des Ärmelkanals.

## Wohnen wie Rapunzel

Wahrzeichen vieler Herrenhäuser *(manoirs)* und befestigter Gutshöfe *(ferme-forteresse)* ist ein monumentaler Torbogen. Das gilt auch für das **Château St-Pierre** , das sich stolz am verbummelten Küstensträßchen D 514 emporhebt. Neben einem rapunzelwürdigen Turm geht es durch das Portal auf den herrschaftlichen Bau aus dem 16. Jh. zu. Die Zimmer sind geräumig und hübsch oldfashioned. Von dem ganz oben schaut man aufs Meer – und vielleicht auch auf die Pie-Normande-Herde des Anwesens.

Nur 3 km vom Meer entfernt liegt das **Château d'Asnières-en-Bessin** 2, dessen noble Fassade das 75-Seelendorf überragt. Ein ovales Wasserbassin aus dem 18. Jh. setzt die barocke Schaufassade in Szene. Es gibt nur zwei *chambres d'hôte* – viel Château fürs Geld.

## Hideaways mit Adelsprädikat

Zwei Türme flankieren den Renaissancebogen des **Manoir du Quesnay** , in dem Monsieur und Madame Fourcade (aus uraltem Adel!) stilvoll möblierte Gästezimmer bereithalten. Charmant: In die Chambre de la Tour gelangt man durch ein schmales Treppentürmchen.

## Bilderbuchburg

Das **Château de Colombières** 4 ist eine Bilderbuchburg des 15. Jh. Die Anlage verzaubert mit Wassergräben und Park, die Einrichtung der Zimmer kündet vom Glanz des Ancien Régime: Die

Hausherren Comte und Comtesse de Maupéou sind echte Grafen (Führung Juli/Aug. Mo–Do 14–19 Uhr, Sept. nur Sa/So, 6 €).

## Hinter Wassergräben

Ein Schwenker nach Westen endet vor den Wassergräben des **Château de Vouilly** 5. Das romantische Gemäuer am Ortsrand von Vouilly diente den Alliierten 1944 als Hauptquartier. Von den Suiten und Zimmern schweift der Blick auf den Park und schilfgesäumten Teich. Madame Harel ist zudem eine reizende Gastgeberin – ich lasse grüßen.

## Ein Steinwurf bis zum Meer

Einfach cosy sind die Zimmer auf dem **Manoir de l'Hermerel** 6. Dort sind neben dem Herrenhaus aus dem 17. Jh. auch die Hofkapelle, der Taubenturm (15. Jh.) und der Melkstall mit 55 eindeutig glücklichen Kühen zu bestaunen. Zum Meer sind es keine 2 km.

### NOCH WAS

Um eine akute Unterzuckerung während der Herrenhäusertour abzuwenden, empfiehlt sich der Abstecher zur Boutique der **Caramels d'Isigny** 1: Die butterweichen Karamellbonbons werden mit bester normannischer *beurre salé* hergestellt (Zone artisanale Isypôle, Rue du 19 Mars 1962, Mo–Sa 9–19 Uhr).

---

### INFOS
**Internet:** www.bienvenueauchateau.com/region/normandie
**Achtung:** Bei vielen Privatzimmern wird keine Kreditkarte akzeptiert!

---

### KULINARISCHES FÜR ZWISCHENDRIN

Zur Abwechslung mal nicht auf Schlossmauern, sondern aufs Meer schauen Sie in der erfrischend einfachen **Brasserie de la Plage** 1 in Grandcamp-Maisy – bei sonnigem Wetter natürlich von der Terrasse (52, quai Crampon, T 02 31 22 12 19, So abends, außer Juni–Aug. auch Mo geschl., Menü ab 12 €).

---

### IN FREMDEN BETTEN

**Château St-Pierre** 1: St-Pierre-du-Mont, T 02 31 22 63 79, www.chambresdhotes-bayeuxarromanchesgrandcamp.com, März–Mitte Nov., DZ/F ab 80 €

**Château d'Asnières-en-Bessin** 2: T 02 31 22 41 16, April–Okt., DZ/F 110 €

**Manoir du Quesnay** 3: bei Trévières, T 02 31 22 57 17, www.manoir-du-quesnay.com, DZ/F ab 110 €

**Château de Colombières** 4: T 02 31 22 51 65, www.chateau-colombieres.fr, DZ ab 180 €

**Château de Vouilly** 5: T 02 31 22 08 59, www.chateau-vouilly.com, DZ/F ab 95 €

**Manoir de l'Hermerel** 6: Gefosse-Fontenay, T 02 31 22 64 12, www.manoirhermerel.com, DZ/F 85–90 €

**Faltplan:** C/D 3/4 | Autotour ab Bayeux, ca. 80 km

## Caen und die zentrale Hügellandschaft

Am Wochenende fährt alles zum Paragliding, Klettern, Wandern, Paddeln in die Normannische Schweiz. Bei Thury-Harcourt windet sich die Orne vor dramatischer Felskulisse ungehalten in ihrem Bett. Wildromantischer ist die Normandie nirgends. Dabei liegt Caen, Hauptstadt der Basse-Normandie und Verwaltungssitz des Départements Calvados, nur einen Steinwurf entfernt. 34 000 Studenten halten die Stadt jung. Entsprechend bunt ist das Kulturleben.

**Caen und die zentrale Hügellandschaft ▶ Caen**

# Caen 🗺 E 4

**Im Westen die Abbaye aux Hommes, im Osten die Abbaye aux Dames, in der Mitte eine Burg – der Polarisierung entspricht das Stadtbild. Im Südosten geradliniger Wiederaufbau der 1950er-Jahre, im Westen komplett erhaltene Straßenzüge mit prächtigen Fachwerkfassaden und herrschaftlichen Palais. Mit 106 000 Einwohnern ist Caen nach Rouen die zweitwichtigste Stadt der Normandie.**

Zur Küste sind es 15 km, in die Hügel der Normannischen Schweiz 20 km. 500 ha Grünflächen und ein Jachthafen mitten in der Stadt sind weitere Standortvorteile. Ganz zu schweigen von der lebendigen Theater- und Musikszene. Kurzum, in Caen brummt's.

## WAS TUN In CAEN?

### Die Burg erklimmen
Caen war die Lieblingsresidenz von Wilhelm dem Eroberer. 1060 ließ er sich am höchsten Punkt der Stadt eine **Burg** 1 bauen. Ein netter Fußweg beginnt an der Rue Montoir Poissonnerie. Durch Parkanlagen geht es hoch zum Burgtor **Porte sur Ville.** Der gewaltige Komplex dahinter umfasst den Donjon, den Saal des Finanzverwalters (12. Jh.) und die Kapelle St-Georges (12.–15. Jh.), die als Empfangsgebäude dient (mit Burgmodell, 3-D-Animation und Multimedia-Schau). Das **Musée de Normandie** liegt links neben der Kapelle im ehemaligen Sitz des Stadtgouverneurs (www.musee-de-normandie.fr, Juni–Okt. tgl, sonst nur Mi–So 9.30–12.30, 14–18 Uhr, 6–8 € je nach Ausstellung). Gezeigt wird die Geschichte der Normandie von der Vorgeschichte bis in die Neuzeit. Ein moderner Bau auf dem Burgberg ist das **Musée des Beaux-Arts** (www.mba.caen.fr, Öffnungszeiten wie Musee de Normandie, wochenends durchgehend). Das Kunstmuseum, eins der bedeutendsten Frankreichs, bietet eine Sammlung von Gemälden und Stichen vom 15. bis 20. Jh., u. a. von Tintoretto, Rubens, van Dyck, Poussin, Tiepolo und Corot.

### Stiegen, Gassen, fromme Frauen
Quirliges Herz der östlichen Altstadt ist das Quartier Vaugueux mit malerischen Gassen, Stiegen und Fachwerkfassaden des 16.–18. Jh. Im Osten der Stadt lockt die **Abbaye aux Dames** 2 (Pl. de la Reine Mathilde, Führungen Kloster gratis, tgl. 14.30, 16 Uhr; Basilika Ste-Trinité frei zugänglich 9–18 Uhr). Herzogin Mathilde stiftete die Frauenabtei 1060. Ihr Grab befindet sich in der Krypta der romanischen Kirche. Das Klostergebäude selbst stammt aus dem 18. Jh. Zum Füßevertreten lädt das **Bassin St-Pierre** 3 mit seinen Segelbooten ein, eins von fünf Hafenbecken der Stadt. Sonntags wird an den Kais Markt gehalten!

### Fachwerk, Palais, noch eine Abtei
Die **Kirche St-Pierre** 4 (Pl. St-Pierre, Mo–Sa 9–19 Uhr), ein Meisterwerk im Übergang von Spätgotik zu Renaissance, ist Zentrum des gleichnamigen Viertels im Südwesten der Burg. Dieser Teil der Altstadt blieb von den Bomben des Zweiten Weltkriegs halbwegs verschont. Im **Hôtel d'Escoville** 5, einem Stadtpalais an der Place St-Pierre aus der ersten Hälfte des 16. Jh., sitzt das Office de Tourisme. Der Bau gilt als Musterbeispiel der normannischen Renaissance; etliche Statuen stellen mythologische und biblische Charaktere dar. Die Rue Froide ist ein mittelalterlicher Straßenzug mit Fachwerkbauten (Nr. 10), Renaissance- und Barockhöfen (Nr. 22, 35, 41, 49). Auch in der Rue Ecuyère und in der Rue du Fromage erfreuen spätmittelalterliche und barocke Fassaden das Auge. Schmuck ist auch die Place St-Sauveur mit Fassaden aus der Renaissance bis hin zum Rokoko. An ihrer Westseite steht die **Kirche St-Sauveur** 6 (tgl. außer So Nachmittag 9–17 Uhr), teils Spätgotik, teils Renaissance. Freitags ist auf dem Platz Markttag. Fehlt noch die **Abbaye aux Hommes** 7 (Esplanade Jean-Michel

**Caen und die zentrale Hügellandschaft** ▶ Caen

Louvel, Führungen (1,5 Std.) Kirche/Kloster Mo–Fr 10, 14.30, So auch 16 Uhr, im Sommer bis zu 7 x tgl., 4,50–7 €). Caens bedeutendstes Baudenkmal wurde 1066 von Wilhelm dem Eroberer als Männerabtei gegründet. Die romanisch-gotische Kirche St-Étienne hütet Wilhelms Grab (9.30–12.30, 14–18.30 Uhr, außer So Morgen und Messen). Die im 18. Jh. errichteten Klostergebäude dienen als Rathaus; der ehemalige Abtpalast (14. Jh.) beherbergt die Artothek und das **Musée d'Initiation à la nature** zur Fauna und Flora der Normandie (Ostern–Allerheiligen Mo–Fr 14–17.30 Uhr, sonst nur Mi, gratis).

### Zum großen Gedenken
Etwas außerhalb liegt **Le Mémorial** 8. Das wichtigste Museum der Normandie zum Zweiten Weltkrieg steht für Völkerverständigung und Frieden. Es wurde über den Resten eines deutschen Bunkers gebaut, widmet sich jedoch nicht nur den Jahren 1939–45. Der Ausstellungsteil zum Kalten Krieg und zur Friedensbewegung zeigt etwa ein Teilstück der Berliner Mauer, einen Atomsprengkopf, einen Mig-21-Bomber und eine Galerie der Friedensnobelpreisträger.

Espl. Eisenhower, www.memorial-caen.fr, Anfahrt via Périphérique Nord, Ausfahrt 7, mit Tram ab Bahnhof bis Haltestelle Tour-Leroy, weiter mit Buslinie 2, April–Sept. 9–19, sonst 9.30–18 Uhr, Jan. geschl., 19,80 €

## SCHLEMMEN, SHOPPEN, SCHLAFEN

### In fremden Betten

#### Fifties mit Panorama
**Hôtel Moderne**
Zentral gelegener Eckbau der 1950er-Jahre mit komfortablen Zimmern. Frühstückssaal mit nettem Panoramablick über die Stadt.

116, bd. du Maréchal Leclerc, T 02 31 86 04 23, www.hotel-caen.com, DZ ab 100 €

#### Familiär und freundlich
**La Maison de Famille**
Das »Familienhaus« ist ein Stadtpalais aus dem 18. Jh. mit Gärtchen! Die Zimmer sind sehr freundlich, der Empfang auch.

4, rue Élie de Beaumont, T 06 61 64 88 54, www.maisondefamille.sitew.com, 75–105 €, Ferienwohnung 2–5 Pers. ab 570 €/Woche

### Satt & glücklich

#### Brasserie am Kai
**Le Carlotta** ❶
Großer Saal, buntes Publikum – plus Meeresfrüchte, Fisch, Pièce de bœuf und Blick auf den Jachthafen.

16, quai Vendeuvre, T 02 31 86 68 99, So geschl., *formule* 20 €, Menü 25 € (unter der Woche) bis 44 €

›Schwerter zu Pflugscharen‹ modern variiert. Das Mémorial in Caen hat ein Thema: Nie wieder Krieg! Beeindruckt die Produzenten des Kriegsgeräts aber wenig.

## CAEN

**Sehenswert**
1. Château (Burg)
2. Abbaye aux Dames
3. Bassin St-Pierre
4. Kirche St-Pierre
5. Hôtel d'Escoville
6. Kirche St-Sauveur
7. Abbaye aux Hommes
8. Le Mémorial

**In fremden Betten**
1. Hôtel Moderne
2. La Maison de Famille

**Satt & glücklich**
1. Le Carlotta
2. Le Bouchon du Vaugueux
3. Café Mancel

**Stöbern & entdecken**
1. Rue Ecuyère
2. Maison Larnicol

**Wenn die Nacht beginnt**
- El Che Guevara

---

### Auf der Schiefertafel
**Le Bouchon du Vaugueux** ❷

Das Menü steht auf einer Schiefertafel, die Gerichte sind eines Bistros würdig. Nette Atmosphäre, gelungene Weinkarte.

12, rue Graindorge, T 02 31 44 26 26, So, Mo geschl., *formule* 17 €, Menü 24–35 €

### Museal? Von wegen!
**Café Mancel** ❸

Ein Museumsrestaurant mit edler Designnote. Die Küche mit Cross-Kitchen-Einfluss. Und dazu noch Jazz- und Poetry-Abende!

Im Musée des Beaux-Arts (Château ❶), T 02 31 86 63 40, So Abend, Mo geschl., *formule* 18 €, Menü 25–36 €

........................................................

 **Stöbern & entdecken**

Die **Rue Ecuyère** ❶ ist die Meile in Caen für *brocante* (Trödel) und *antiquités*.

## Caen und die zentrale Hügellandschaft ▶ Suisse Normande

### Bretonische Kalorienbomben
**Maison Larnicol**
Georges Larnicol, Pâtissier und Confiseur, und als solcher zu »einem der besten Handwerker Frankreichs« gekürt, ist Bretone. Was den köstlichen Kuchen, Schokoladen, Pralinen keinen Abbruch tut.
8, rue de Bras, www.larnicol.com

### Wenn die Nacht beginnt

Caens Nachtleben dreht sich um zwei Pole, wo sich Bar an Bar reiht: die Straßen **Rue St-Pierre, Rue Écuyère, Rue Arcisse-de-Caumont** und, am Bassin St-Pierre, der **Quai Vendeuvre.**

### Salsa, Tapas, Coctails
**El Che Guevara**
Schicke Cocktailbar mit Karibikflair. Getanzt wird Salsa!
53, rue de Geôle, Di/Mi 18–1, Do–Sa 18–2 Uhr

### Sport und Aktivitäten

#### Wandern und Radfahren
Der **Treidelpfad am Canal de l'Orne** ist nach Norden zugleich Fernwanderweg (GR 36) und führt über 15 km zum Badeort **Ouistreham** (📖 E 4) an die Côte de Nacre. Nach Süden folgt die autofreie **Voie Verte** der Orne 30 km bis Thury-Harcourt (📖 D 5) in die Normannische Schweiz.

### INFOS

**Office de Tourisme:** Place St-Pierre, T 02 31 27 14 14, www.caenlamer.tourisme.fr. Pass Tourisme mit Ermäßigungen für Museen und den Vinci-Parkplatz
**Bahn:** Rue de la Gare, T 36 35, www.oui.sncf. Nach Paris, Bayeux, Rouen
**Bus:** Les Bus Verts, neben dem Bahnhof, T 09 70 83 00 14, www.busverts.fr. Dichtes Netz zur Küste und ins Pays d'Auge
**Straßenbahn:** Twisto, 15, rue de Geôle, www.twisto.fr. Zwei Linien, Tagesticket 4 €, wg. Totalumbau Busersatzverkehr bis Sept. 2019

### TERMINE

**Éclats de Rue:** Do u. Fr Abends Juli/Aug. Konzerte, Theater, Kabarett, Lesungen in Parks, Gärten, auf Plätzen, gratis, Info über Office de Tourisme
**Nördik Impakt:** Festival elektronischer Musik und Kultur, Ende Okt., très trendy, T 02 31 86 79 31, www.nordik.org

### IN DER UMGEBUNG

#### Die Wiege des Eroberers
Der Legende nach kam auf der Burg von **Falaise** (📖 E 5, 30 km südl., 8200 Einw., www.falaise-tourisme.com) Wilhelm der Eroberer zur Welt. 15 Türme und starke Mauern lassen den Bau noch als Ruine mächtig erscheinen (www.chateau-guillaume-leconquerant.fr, ganzjährig tgl. 10–18, Juli/Aug. bis 19 Uhr, 8 €). Falaise wurde 1944 zu 80 % zerstört. Im Städtchen zeigt das ultramoderne **Mémorial des Civils dans la Guerre,** wie der Alltag für die Zivilbevölkerung im Zweiten Weltkrieg aussah (▶ S. 74).

# Suisse Normande

📖 D/E 5/6

**Mit bis zu 300 m hohen Hügeln, Steilufern und verschwiegenen Bachtälern ist die Normannische Schweiz ein ideales Terrain für Naturliebhaber und Aktivurlauber.**

Während die Orne sich im Norden noch gemächlich dahinwindet, wird das Tal weiter südlich zur dramatisch von Felsen gerahmten Schlucht. Quasi vor den Stadttoren von Caen bieten sich zahlreiche Möglichkeiten zum Biken, Klettern, Paragliding und Reiten, sehr beliebt sind die **Kanutouren** (▶ S. 84). Im Sommer kann an Wochenenden auf und unter den Felsen längs der Orne sehr viel los sein. Unter der Woche herrscht dafür himmlische Ruhe.

# #11

# Im Herz der Suisse Normande – **Kanutour auf der Orne**

»Zwei Handbewegungen müsst ihr beherrschen«, erklärt Frédéric Olivier bei Übergabe der Kanus. Dann sticht der Leiter des Kayak Club Thury-Harcourt mit dem Paddel von rechts oben nach links unten durch die Luft: Paddeln. Er legt die Handinnenflächen zusammen, macht einen Zug vor der Brust: Schwimmen.

Der Kleinbus von Frédérics Basis im 27 km die Orne abwärts gelegenen Thury-Harcourt setzt uns in **Pont d'Ouilly** 1 ab. Trotz 40 kg Eigengewicht und zwei Paddlern an Bord gleitet das Kanu fast wie von allein den Fluss hinab. Mit dem Steuern klappt es nicht auf Anhieb. Frédéric erklärt, wie es geht: Paddel rechts ins Wasser und gegen die Strömung drücken: das Kanu schwenkt nach rechts. Für links das Ganze umgekehrt.

## Stille im Tal

Das Paddeln wird schnell zur Routine, umso mehr kann man sich den Steilfelsen widmen. Der Ausflugstrubel in Pont d'Ouilly liegt auf der verschwiegenen Orne bald Lichtjahre entfernt, und die Normannische Schweiz erweist sich als das Land, in dem sich Fuchs und Hase gute Nacht sagen. Ungehalten windet sich die Orne in ihrem von steilen Felsufern überragtem Bett. **Le Bô** 2 taucht am rechten Ufer auf. Im Minidorf besticht der Friedhof um die kleine Kirche St-Pierre aus dem 14. Jh. – ein friedvoller Ort.

Vorbei an der Croix de la Favière, einem Aussichtspunkt über dem Ufer, paddeln Sie auf die himmelstürmenden Bögen der Eisenbahnbrücke **Viaduc de Clécy** 3 zu. Die Zahl der Kanus auf dem Wasser nimmt beträchtlich zu. Bald tauchen die ersten Uferlokale auf: **Clécy** 4, der größte Besuchermagnet der Suisse Normande, thront auf einer 80 m hohen Hügelkuppe über der Orne. In den von Granithäusern gesäumten Gassen ist es beim Landgang überraschend ruhig, denn die

Der Symbolvogel der Suisse Normande? Reiher? Oder Ente? Beides falsch. Es ist der Turmfalke, der in den steilen Uferfelsen an der Orne ideale Brutplätze findet. Mit etwas Glück segelt der Raubvogel bei der Kanutour über dem Tal.

## Kanutour auf der Orne #11

Massen drängt es ans Wasser. Was man als Kanute gut verstehen kann: Die Orne fließt ab Clécy durch ein bukolisches Tal, vorbei am **Pain de Sucre** 5 (›Zuckerhut‹), dem markanten Uferfels.

## Auf einem Blütenteppich

Das Kanu gleitet über einen weißen Blütenteppich – meterlange Wasserpflanzen strecken ihre Blüten an die Oberfläche. Enten schnattern, Libellen tänzeln über der Orne. Beim Uferdorf **St-Rémy** 6 erinnert die imposante Ruine eines Förderturms daran, das hier bis 1968 Eisenerz abgebaut wurde. *Fini*, die Ufervegetation überwuchert die Mine allmählich. **Pont de la Mousse** 7 ist ein weiterer verbummelter Weiler, dessen lauschige Ufer zu einem Picknick einladen.

*So macht Kanufahren Spaß: Verlierst du das Paddel, kann es der nächste wieder auffischen. Merci bien!*

Das Ziel der Paddeltour ist das 2000-Einwohner-Städtchen **Thury-Harcourt** 8. Unterhalb der Schlossruine hat der Kayak Club samt eigenem Ponton seinen Sitz. Wer noch Puste hat: **La Boucle du Hom** heißt eine Flussschleife der Orne im Norden von Thury-Harcourt, die fast einen Kreis schließt … ein malerischer Platz am Fluss.

---

INFOS/ÖFFNUNGSZEITEN
**Kayak Club Thury-Harcourt** 1:
Impasse des Lavandières, Thury-Harcourt, T 02 31 79 40 59, www.kcth.fr, April–Sept. tgl. 9–18, sonst Mo–Fr 10–12, 14–17 Uhr, Halbtagestour mit Einer 23 €, ganzer Tag 28 €, mit Zweier 37/45 € inkl. Transfer (Mindestalter 8 Jahre). Auch Kajak, Mountainbike, Bogenschießen, Verleih und Kurse
**Tipp:** Ungeübte Kanuten sollten als Tagesetappe nur die 14 km lange Strecke von Clécy bis Thury-Harcourt planen.

KULINARISCHES FÜR ZWISCHENDRIN
Durch das Dorfhotel **Le Relais du Commerce** 1 weht jetzt ein frischer Wind. Die Zimmer wurden renoviert, im Restaurant überzeugt das Menu Terroir et Patrimoine mit verfeinerter Landküche (Pont d'Ouilly, 8, rue de la Vème-République, T 02 31 69 80 16, www.relaisducommerce.fr, Jan. geschl., DZ ab 78 €, *formule* 18 €, Menü ab 27 €).

**Faltplan:** D/E 5 | Tagestour von Pont d'Ouilly nach Thury-Harcourt, ca. 27 km

# Caen und die zentrale Hügellandschaft ▶ Suisse Normande

## WAS TUN IN DER SUISSE NORMANDE?

### Städtchen-Hopping
**Thury-Harcourt** (D 5, 2000 Einw.) liegt nur 22 km südlich von Caen und ist eine bei Kanuten beliebte Basisstation (▶ S. 84). Das Château, das Raoul Tesson, ein Mitstreiter Wilhelms des Eroberers, im 11. Jh. einst bewohnte, und das im 17. Jh. durch ein nobles Barockschloss ersetzt wurde, fiel bei einem alliierten Bombardement 1944 in Schutt und Asche. Geblieben ist eine romantische Ruine inmitten eines 70 ha großen Parks (nur Außenbesichtigung möglich).
An manchen Sommerwochenenden ist in **Clécy** (D 5), der dörflichen »Hauptstadt der Normannischen Schweiz«, die Hölle los. Auf der Orne tummeln sich die Kanuten, auf der Route des Crêtes genießen Wanderer die Stille.
Über das barocke, in einem zauberhaften Park eingebettete **Château de Pontécoulant** (D 5, Mitte April–Mai Di–So 14.30–17.30, Mai–Sept. 10–12.30, 14.30–18, Okt. Sa/So 14.30–17.30 Uhr, 4 €) gelangt man nach **Condé-sur-Noireau** (D 5), der »westlichen Pforte zur Suisse Normande«.
Bei **Pont d'Ouilly** (E 5, www.pont-douilly.com) stößt der Noireau auf die Orne, über die eine Brücke führt. Die Markthallen künden von dem seit dem 16. Jh. wichtigsten Ereignis der Woche – dem Sonntagsmarkt. 5 km weiter südl. ragt die **Roche d'Oëtre** (D/E 6) fast 120 m hoch über dem Fluss auf – die Aussicht vom Fels ist grandios!

### 🏠 Gartenglück
**Chambres d'hôtes Les Fontaines**
Madame Germain bittet in ihr stattliches Bürgerhaus aus dem 18. Jh. mit zauberhaften, hellen Zimmern. Zudem lockt ein üppiger Garten.
Barbery (E 5, 10 km östl. von Thury-Harcourt), T 02 31 34 31 05, www.les-fontaines-debarbery.fr, DZ/F 68–93 €, Ferienwohnung 260–370 €/Woche

### 🏠 A la ferme
**La Ferme du Vey**
Nette Chambres d'hôtes auf einem Großbauernhof, dazu Ferienwohnungen und -häuser in der Nähe.
Le Vey (D 5), 2 km östl. von Clécy, T 02 31 69 71 02, www.fermeduvey.fr, DZ/F 49 €

### 🏠 Mit den Füßen im Wasser
**Camping Les Rochers des Parcs**
Nette 90-Plätze-Anlage zur Orne, auch Mobilhomes.
La Cour, Le Vey (D 5, 2 km östl. von Clécy), T 02 31 69 70 36, www.camping-normandie-clecy.fr, 2 Pers./Zelt/Auto ab 19 €

100% *sports nature:* An einem Aprilwochenende geht die Suisse Normande auf Wanderschaft – zu Fuß, hoch zu Ross, auf dem Mountainbike, am Samstagabend sogar im Dunkeln. Zweimal täglich kann man an geführten Wanderungen teilnehmen. Zwischendurch führen Profi-Scater, Kanu-Olympiasieger oder Dressurreiter akrobatische Meisterleistungen vor. Info über das Office de Tourisme de la Suisse Normande (▶ S. 87) und www.suissenormande-sportsnature.com.

### 🍴 Ländlich und abgeschieden
**Auberge du Pont de Brie**
Einsam im Orne-Tal gelegenes Haus. Karte mit anspruchsvoller Regionalküche.
Goupillières (D 5), Halte de Grombosq (9 km nördl. von Thury-Harcourt), T 02 31 85 46 02, www.aubergedupontdebrie-14.fr, April–Okt. tgl. geöffnet, Menü 23–50 €

### 🍴 Normannisch reloaded
**Au Site Normand**
Ob *Langoustines* mit Zitrusfrüchten oder Fenchel-»Sauerkraut« – die Küche ist innovativ und zutiefst normannisch. Zimmer gibt es auch!
Clécy (D 5), 2, rue des Chatelets, T 02 31 69 71 05, www.hotel-clecy.com, So/Mo geschl., *formule* 25 €, Menü 36–67, DZ ab 87 €

**Caen und die zentrale Hügellandschaft** ▶ Le Pin-au-Haras

### 🛡 Honig
**Les Ruchers de la Suisse Normande**
Honig, Gelée Royale, Wachs vom Imker.
Le Vey (📖 D 5), T 02 31 69 46 27. April–Okt.
Sa/So 15–18, Juli/Aug. tgl. außer Mi 14–18 Uhr

### 🛡 Alles vom Hof
**La Ferme du Vey**
Cidre, Calvados aus eigener Herstellung.
Le Vey (📖 D 5), www.fermeduvey.fr

### ⊙ Wandern
Der Fernwanderweg GR de Pays **»Tour de Suisse Normande«** erschließt die Region in einem 100 km langen Rundweg von Thury-Harcourt über Pont-d'Ouilly im Süden sowie das Château de Pontécoulant und den 389 m hohen Mont Pinçon im Westen. Spektakulär ist die Tagesetappe von Thury-Harcourt bis Pont-d'Ouilly (ca. 30 km, 8 Std.). Topoguide-Plan erhältlich in den OdT (13,20 €).

### ⊙ Wasser, Rad und Fels
**Centre de Pleine Nature Lionel Terray**
Kanu- und Kajakverleih, Bogenschießen, Mountainbiking, Klettern, Orientierungsparcours und geführte Wanderungen
Clécy (📖 D 5), Le Viaduc, T 02 31 69 72 82, www.centredepleinenature.com

### ⊙ In aller Stille abheben
**Plaine Altitude**
Paragliding: Verleih, Kurse.
Route des Crêtes, St-Omer, T 02 31 69 39 31, www.plaine-altitude.com

### ❶ Infos
**Office de Tourisme:** Thury-Harcourt (T 02 31 79 70 45), Clécy (T 02 31 69 79 95), www.suisse-normande-tourisme.com

# Le Pin-au-Haras

📖 F 6

**Das »Versailles der Pferde« wurde 1715–1730 auf Geheiß von Ludwig XIV. erbaut. Das schlossähnliche Staatsgestüt Haras du Pin, das in** eine 1000 ha große Parklandschaft eingebettet ist, gilt architektonisch wie züchterisch als eine der ersten Adressen der Normandie. Ihr Anliegen ist die Zucht der besten reinrassigen Pferde Frankreichs.

*Nein, nein … ganz falsch: Clécy ist nicht im Rückspiegel am schönsten!*

### Museumsreif: der Große Stall
1717 fertiggestellt wurden die **Grandes Écuries**. An die 30 Hengste stehen in den Boxen, deren Holzwände von geschwungenen Gittern gekrönt sind, darunter stehen elegante Selle Français, klobige Percheron, nervöse Araber, französische Traber, stämmige Connemara-Ponys sowie Cob Normand. Heute ist dort auch ein **Museum** untergebracht, das über die zehn im Haras du Pin gezüchteten Pferderassen informiert.

### Das Gestüt entdecken
Die Kutschen des Gestüts, darunter ein Reisecoupé von 1839, ein offener Jagd-Break des 19. Jh. oder ein luxuriöser Londoner Park Drag von 1890 stehen in der **Remise**. In der **Sellerie** (Sattlerei) im Innenhof werden Sattel, Zaumzeug, Kutschen repariert (Werkstattbesichtigung im Sommer Fr 15–17 Uhr). Immer zugänglich ist die **Sellerie d'honneur**, die »Ehrensattlerei«, in der

*# 12*

# Besuch beim Calvados-Bauern – **die Ferme de la Merouzière**

**48 Apfelsorten sind für den Calvados zugelassen, »Malus Eve reste« heißt die Kleinste. In der Normandie hält sich die Legende, dass der verführerisch rot leuchtende Apfel Adam zum verbotenen Biss verführt hat. Dabei schmeckt die nur mirabellengroße Sorte ziemlich bitter.**

Die **Ferme de la Merouzière** 1 ist ein stattlicher Bauernhof etwas außerhalb von Condé-sur-Noireau inklusive 800 Apfelbäumen, deren windschiefe Stämme sich in die abschüssigen Wiesen rund um den Hof stemmen. Seit Generationen verdient die Familie Dupont ihren Lebensunterhalt als Milchbauern und Calvados-Brenner. »Die Kühe wissen als erste, wann die Cidreäpfel reif sind«, erklärt Monsieur Dupont. Recken die Rindviecher den Hals in die knorrige Kronen, wird es Zeit, die Herde auf eine andere Wiese zu treiben.

Den normannischen Kühen ist es zu verdanken, dass die traditionellen Hochstämme weiterhin das Landschaftsbild bestimmen. Wer auf die ertragreichen Niedrigstämme setzt, muss zwangsläufig seine Kühe abschaffen. Wenn nicht: Schmatzend zermalmen sie jeden Apfel, den sie mit ihrer schweren Zunge vom Baum holen können.

## Zwischen Apfelbergen

Die Führung beginnt vor dem **Pressoir,** der Apfelpresse. Schwerer süßer Geruch liegt im Spätherbst über dem Anwesen, in dessen Hof die Äpfel nach Sorten fein getrennt zu kleinen Gebirgen aufgeschüttet sind. Apfel ist nicht Apfel, wie Monsieur Dupont betont. Die dunkelrote Germaine: ein Allerweltsapfel ohne besondere Vorzüge. Die blassgelbe Tardive de la Sarthe: eine späte Frucht, die es in sich hat. Die scharlachrote Rouge de Trèves: klein, eher säuerlich und frisch.

Mit der Trennung ist es im Stampfbottich vorbei. Allein der Reifegrad des Apfels ist entscheidend, da alle Sorten einer Ernteperiode ver-

*Auch dieser Calvados-Brenner hat es: lange Erfahrung, ein Händchen für Apfelsorten und Brenntemperatur – und vor allem: eine Nase fürs Produkt!*

## Besuch beim Calvados-Bauern #12

mischbar sind. Den späten Äpfeln wird eine außergewöhnliche Würze nachgesagt, der auf die ersten, leichten Winterfröste zurückgeführt wird.

### In der Destille

Es geht in die **Brennerei.** Im Spätherbst ist hier der zwiebelförmige Alambic pausenlos im Einsatz. Calvados wird bei 65 bis 70 °C gebrannt: Je niedriger die Temperatur, desto intensiver bleiben die Aromen erhalten. Die Fässer, in denen die Destillate gelagert werden, sind aus den Eichen des Limousin gemacht, kurzum, eines edlen Calvados würdig, der zwischen 40 und 42 % Alkohol hat.

Basis des Calvados ist vergorener Cidre, der nach etwa zwei Jahren erstmals gebrannt wird. Nach kurzer Ruhepause im Eichenfass wird er noch einmal gebrannt und zur endgültigen Reife erneut ins Holzfass abgefüllt. So hielt es schon Dupont Senior, so soll es auf La Merouzière bleiben.

Schöne Bescherung: Die letzten Äpfel der Saison werden um Weihnachten geerntet. Der rotbraune Noël des Champs und der braungefleckte Martin Enfroy fallen erst dann von den schon blattlosen Ästen.

### Gold im Glas

Zuletzt die **Verkostung.** Drei Sterne oder Äpfel auf der Flasche bedeuten, dass der Calvados jünger als zwei Jahre ist. ›Vieux‹ oder ›Réserve‹ steht auf dem Etikett, wenn der Schnaps drei Jahre alt ist. ›Vieille Réserve‹ oder VO wird bei vier, VSOP bei fünf Jahren getitelt. Ab sechs Jahren steigert sich das Ranking deutlich auf ›Napoléon‹ oder ›hors d'age‹. Und ›age d'or‹ ist die höchste Stufe; sie bezeichnet einen Calvados, der mindestens 12 Jahre gereift ist und wie Gold im Glase glänzt.

---

**INFOS/ÖFFNUNGSZEITEN**

**Ferme de la Merouzière** 1: Route de Vire, Condé-sur-Noireau, T 02 31 69 02 21, tgl., So nur auf Anfrage; Führungen nach telefonischer Anmeldung.

**KULINARISCHES FÜR ZWISCHENDRIN**

Nur 3 km westl. vom Hof überrascht die **Auberge St-Germain** 1 mit einer pfiffigen Terroirküche: Kalbsnuss mit Morcheln, poschierte Wachtel mit Gemüsetagliatelle (1, route de Condé-sur-Noireau, St-Germain-du-Crioult, T 02 31 69 08 10, www.auberge-saint-germain.com, tgl., *formule* Mo–Fr 18 €, Menü ab 27 €).

**Faltplan:** D 5/6 | Hofbesuch: ca. 1 Std.

historisches Zaumzeug und Geschirr ausgestellt sind.
Im Sommer kann man die **Forge** (Mo, Di 15–17 Uhr), die historische Schmiede, besichtigen. Die **Salle Géricault** daneben, eine 1881 in Stahlskelettbauweise errichtete Manege, wurde früher für die *monte naturelle*, die natürliche Deckung, genutzt, heute gibt es dafür eine neue Manege gegenüber.
Im **Château** selbst sitzt seit 1730 die Gestütsverwaltung.

### ❶ Infos
**Haras national du Pin:** April–Sept. tgl. 10–18, Okt.–Mitte Nov. 14–17, Mitte Dez.–Anfang Jan. 10.30–12, 14–17 Uhr, Mitte Nov.–Dez., Jan. geschl., 8 € (nur Gestüt), 13 € (Gestüt und Führung), www.haras-national-du-pin.com.
**Les Jeudis du Pin:** Anfang Juni–Ende Sept., Do und gelegentlich Di 15 Uhr, 15 € (alle Eintritte inkl.) Pferde- und Gespannvorführungen

## IN DER UMGEBUNG

### Schlössertour
Am Oberlauf der Orne (📖 F 6) reiht sich ein feudales Schloss an das nächste. Prunkvoll das barocke Wasserschloss **Château de Médavy** bei Almenêches (10 km südl., www.chateau-medavy.com, Juli/Aug. 10–12, 14–19 Uhr, 4 €). Etwas zurückhaltender das **Château d'Ô** in Mortrée (Aug.–Anfang Sept. tgl. 10–12, 13.30–16.30 Uhr, Eintritt frei). Mit einem französischen Park prunkt das **Château de Sassy** in St-Christophe-le-Jajolet (Mai–Okt. Sa/So 15–18, Mitte Juni–Mitte Sept. tgl. 10–12, 14–17 Uhr, Eintritt 7 €).

### Bischofsidylle
**Sées** (📖 F 6, 20 km südl., 4200 Einw., www.tourisme-sourcesdelorne.fr) ist ein gottgefälliges Städtchen und Bischofssitz mit gotischer **Kathedrale** (außer zu Messen 9–18 Uhr), deren Turmspitzen weithin sichtbar sind. Der **Bischofspalast** auf ihrer Rückseite ist barock. Im **Musée départemental de l'Art reli-** **gieux** (Juli–Sept. tgl. außer Di 12–18 Uhr, 2 €) an der Place du Général de Gaulle wird sakrales Mobiliar aus den Dorfkirchen entlang der Orne gezeigt.

# Bagnoles-de-l'Orne 📖 D/E 7

**Ein bisschen Deauville mit Villen, Belle-Époque-Hotels und Casino, ein bisschen Zauberberg mit Kurgästen, Parks und Golfplatz, hübsch im Wald gelegen mit Blick auf See und Kurpark. Außerdem ist Bagnoles-de-l'Orne (2300 Einw.) ein modernes Outdoorzentrum.**

### Streifzug durch Bagnoles
Der Kurpark, das Casino von 1927 (tgl.), der See mit feinem Flanierufer, verspielte 1900-Villen machen den Charme des Viertels **Bagnoles-Lac** aus. Im Viertel **Bagnoles-Château** dominiert das schlossartige Rathaus. Vom nahen Felsen **Roc au chien** fällt der Blick ins Tal der Vée mit dem Thermalbad von 1903. Die **Forêt des Andaines**, ein kraftstrotzender Mischwald, nimmt den Ort von Osten und Westen in die Zange. Mit seinen 7000 ha reicht der Forst bis Domfront – ideal zum ausgiebigen Wandern und Radeln.

### 🏠 Villa im Garten
**Le Bois Joli**
Belle-Époque-Villa am Kurpark. Komfortable Zimmer. Man speist mit Blick auf den Kurpark, und dies sehr gut.
12, av. Philippe du Rozier, T 02 33 37 92 77, www.hotelboisjoli.com, DZ ab 139 €, Formule 21 €, Menü 27–72 €

### 🏠 French touch
**Ô Gayot**
Die Themenzimmer erinnern an Wald und Wasser. Die Küche setzt gekonnt auf französische Bistrokultur.
2, av. de Ferté-Macé, T 02 33 38 44 01, www.ogayot.com, DZ ab 60 €; Bistro Do, Mitte Nov.–1. April auch So Abend, Mo Mittag geschl., *formule* 18 €, Menü 22 € (mittags) bis 27 €

**Caen und die zentrale Hügellandschaft** ▶ Bagnoles-de-l'Orne

*In Domfront führen alle Altstadtgassen zur Kirche St-Julien … und das ist gut so! Denn der Betonbau von 1926 mixt Byzantinik und Art-déco. Sollte man mal sehen!*

### Tolles Preis-Leistungsverhältnis
**Le Bistrot Gourmand**
Jahreszeit und Marktangebot bestimmen die frische, leckere Küche des modernen Bistrots.
6, place de la République (im Bagnoles Hôtel), T 02 33 37 86 79, www.bagnoles-hotel.com, tgl., formule 13, Menü 19–25 €

### Cocktails am Wasser
**Le Lounge Café**
Im Casino wird gezockt, im dazugehörigen Club schlürft man gemütlich Cocktails. Die Terrasse zum See (ab 11 Uhr, Mo geschl.) lädt dazu ebenso ein wie das »Fièvre du jeudi soir« (Do Disco ab 21.30 Uhr), der Club mit 1980er-/1990er-Jahre-Musik am Freitagabend oder die samstägliche Dance Party ab 21.30 Uhr.
6, av. Robert Cousin, www.casino-bagnolesdelorne.com/restaurant-bar

### Entspannen ist die beste Wellness
**Les Thermes**
Wellness, Shiatsu, Beauty. Weekend-Pakete!
Rue du Professeur Louvel, www.bo-thermes.com, So Nachmittag, Mitte Nov.–Febr. geschl.

### Infos
**Office de Tourisme:** Place du Marché, T 02 33 37 85 66, www.bagnolesdelorne.com
**Les Vendredis de l'Été:** Straßentheater und Konzerte. Juli/Aug. Fr 21 Uhr

## IN DER UMGEBUNG

### Poiré-Route
Vom mittelalterlichen Festungsstädtchen **Domfront** (D 7, 20 km westl., www.ot-domfront.com) hat man einen weiten Blick über die Hecken, Weiden und Wälder des bukolischen Bocage Domfrontais. Die romanische **Kirche Notre-Dame-sur-l'Eau** (unterhalb von Domfront an der N 176) birgt mittelalterliche Grabmäler. Domfront ist außerdem Heimat des AOC-geschützten Poiré, eines fruchtigen Schaumweins aus Birnen. In der Maison de la Pomme et de la Poire in **Barenton** (C 6) erfährt man alles über Birnen und Äpfel, aus denen Poiré und Calvados gemacht werden (La Logeraie, April–Mitte Okt. 10–12, 14–18 Uhr, gratis). Dorthin geht es über die **Route du Poiré,** eine Themenroute mit Einkaufstipps und Hofbesichtigungen (Infos im Office de Tourisme Domfront).

# Manche und Mont St-Michel

Nur in der Saison drehen Badeorte wie Barneville-Carteret mit seinem endlosen Sandstrand richtig auf. Ansonsten hat man die kilometerlange Sandküste für sich allein. Heidekraut, Hecken und Weiden überziehen die Cotentin-Halbinsel. Am Cap de la Hague wechseln Granitfelsen mit Sandbuchten. Winzige Fischerhäfen zwängen sich in Felsbuchten. Erst am Mont St-Michel wird es wieder voller. Der vom Atlantik umspülte Klosterberg ist der Besuchermagnet schlechthin.

# St-Vaast-la-Hougue 🗺 B 3

Austern aus St-Vaast-la-Hougue sind wegen ihres nussigen Geschmacks begehrt bis nach Paris. Außerdem ist das Fischerstädtchen bei Seglern und Sommerfrischlern beliebt.

### Von Turm zu Turm
Der **Fischhafen** ist der drittgrößte der Normandie mit entsprechend vielen Booten. Vorbei an der Fischerkapelle bummelt man über die Mole zum **Leuchtturm**. Und zurück, um in Richtung **Fort de la Hougue** zu spazieren. Der 400 Jahre alte Festungsturm, 1,5 km weiter südlich, steht auf einer Landzunge, die den Austernpark vor dem offenen Meer schützt.

### Übers Meer gehen
Bei Ebbe ist die **Île de Tatihou** zu Fuß erreichbar, bei Flut per Fähre (April–Sept. stdl. je nach den Gezeiten, 10,50 € inklusive aller Eintritte). Die Miniinsel vor St-Vaast-la-Hougue war früher eine Quarantänestation für Seeleute aus Übersee. Heute dient das **Lazarett** von 1723 als Kultur- und Tagungszentrum mit Zimmern (T 02 33 54 33 33, DZ mit VP 100 €/Pers.). Ein Meeresmuseum gibt es auch, und von der **Tour Vauban** hat man nach 84 Stufen einen super Blick über die Insel und die Küste. Ein Tipp für Birdwatcher ist der **botanische Garten** – mit Vogelbeobachtungsstelle.

### 🏠 Lasst Fuchsien blühen!
**Hôtel de France et des Fuchsias**
Traditionshaus, an dessen Fassade die Fuchsien überborden. Zimmer im Gartenannex Les Feuillantines am größten. Im Restaurant warme Austern an Selleriepüree, *boudin blanc* aus Kaisergranat *(langoustines)*.
20, rue Maréchal Foch, T 02 33 54 40 41, www.france-fuchsias.com, DZ ab 59 €; Restaurant Nov.–Mai So abends, Juli/Aug. Mo mittags, Mai–Juni, Sept. Di mittags, Okt.–April außer Sa, So mittags geschl., Menü 26 € (Mo–Fr) bis 42 €

### 🏠 Mit Atmosphäre
**La Granitière**
Granitgemäuer, gepflegte, charmant altmodische Zimmer.
74, rue Maréchal Foch, T 02 33 54 58 99, www.hotel-la-granitiere.com, DZ ab 74 €

### 🍴 Segler ahoi!
**Le Chasse-Marée**
Bistro mit maritimer Dekoration. Lecker: Garnelen mit Speck.
8, pl. Charles de Gaulle, T 02 33 23 14 08, Mo/Di geschl., Juli/Aug. tgl. geöffnet, Menü 20 € (Di–Fr Mittag), sonst 28–38 €

### 🛍 Zentral und gewaltig
**Samstagsmarkt**
Der Wochenmarkt ist der Treffpunkt für die gesamte Ostküste des Cotentin und erstreckt sich über den ganzen Ort: Fisch, Schalentieren, Meeresfrüchten ebenso wie Käse, Gemüse und Fleischwaren. Parken wird schwierig.

### 🛍 Feinkostimperium
**Épicerie Gosselin**
Feinkost und Familienbetrieb mit legendärem Angebot. Mit Kaffeerösterei, Wein- und Calvados-Keller.
27, rue de Verrue, www.maison-gosselin.fr, So Nachmittag, außer Juli/Aug. auch Mo geschl.

### 🏖 Baden
**Sandstrände** im Süden bei Quinéville.

### 🌊 Wassersport
**Centre nautique de la Baie de St-Vaast**
Segeln, Surfen, Kajak, Kurse und Verleih.
4, quai du Commandant Albert Paris, T 02 33 43 44 73, www.cnbsv.org

### 🥾 Wandern
Lauschige Wege führen ins 6 km nordwestlich gelegene Flusstal **Val de Saire**, durch Weiler, vorbei an Herrenhäusern.
www.val-de-saire.com, www.ot-pointedesaire.com

### ℹ Infos und Termine
**Office de Tourisme:** 1, pl. du Général de Gaulle, T 02 33 71 99 71, www.saintvaast.fr/office_de_tourisme.aspx

**Manche und Mont St-Michel** ▶ Barfleur

**Traversées de Tatihou:** Auf der Insel Tatihou wird zehn Tage lang (keltische) Weltmusik aus Québec oder Skandinavien und, und, und gespielt. Ende Aug., www.tatihou.manche.fr

# Barfleur B 2

Stolze Granitfassaden, zum Teil noch aus der Renaissance – im Mittelalter war das bezaubernde Dorf (580 Einw.) einer der wichtigsten Häfen der Normandie. Heute zählt es zu den »schönsten Dörfern Frankreichs«.

### Das Wahrzeichen
Das Wahrzeichen von Barfleur ist die gedrungene Kirche **St-Nicolas** (17.–19. Jh.; tgl. 10–18 Uhr). Eine **Gedenktafel** erinnert daran, dass Wilhelm der Eroberer 1066 von Barfleur an Bord der Mora gen England in See stach.

### Granitpracht
Die eindrucksvollsten **Granithäuser**, viele davon aus der Renaissance, viele davon ehemalige Reederpalais, reihen sich in der **Rue St-Nicolas** hinter dem Hafen und in der Hauptstraße **Rue St-Thomas Beckett**. Macht ein geschlossenes Dorfbild von seltener Harmonie.

### 🏠 Reederpalais mit Ausguck
**Hôtel Le Conquérant**
Reederanwesen aus dem 17. Jh. mit Garten und Ausguck auf den Hafen. Zimmer zum Teil mit Antiquitäten.
16, rue St-Thomas Becket, T 02 33 54 00 82, www.hotel-leconquerant.com, Mitte März bis Mitte Nov., DZ ab 80 €

### 🍴 Echte Hafenatmosphäre
**Café de France**
Einfaches Café mit netter Terrasse zum Hafen. Die *moules blondes*, eine Muschelspezialität aus der Bucht von Barfleur, gibt es zur Zeit nicht – die Bestände sind zu schwach.
Quai Henry Chardon, T 02 33 54 00 38, Sommer tgl. 8–24, Winter tgl. außer Mi 8–21 Uhr, Menü 18–23 €

### 🏖 Baden
Kleiner **Strand** hinter dem Dorf. **Sandbuchten** im Süden. Weiter westlich breite Sandstrände.

### 🚶 Wandern
**Küstenwanderung** GR 223 zum Cap Lévy (15 km westlich).

### ℹ Infos
**Office de Tourisme:** 2, rond point Le Conquérant, T 02 33 71 99 71, www.barfleur.fr

# Cherbourg A 2

Hoch im Norden, wo die Cotentin-Halbinsel weit in den Ärmelkanal ragt, liegt Cherbourg-en-Cotentin (80 600 Einw.). Der Flottenstützpunkt und Fährhafen nach Großbritannien verblüfft mit Palmen im Park und der Cité de la Mer im Art-déco-Bau des ehemaligen Passagierschiffterminals.

·············· **WAS TUN IN CHERBOURG?** ··············

### Die Seele der Stadt entdecken
Auf den ersten Blick wirkt die Stadt etwas ruppig. In den quirligen Einkaufs- und Ausgehstraßen **Rue au Blé** 1 und **Grande Rue** 2 sowie deren Nebenstraßen ändert sich das Bild.

Im **Phare de Gatteville** ( B 2) an der Pointe de Barfleur geht es 365 Stufen hoch zur 75 m hohen Aussichtsebene des Leuchtturms. Hier wurde eine Schlüsselszene von Jacques Beineix' Kinoerfolg »Diva« gedreht (4 km nördl., www.phare-de-gatteville.fr, Mai–Aug. 10–12, 14–19, April, Sept. bis 18, Febr./März–Okt./Nov. bis 17 Uhr, 3 €).

## Manche und Mont St-Michel ▶ Cherbourg

Mittelalterliche und barocke Fassaden sind hübsch herausgeputzt. In der Rue de la Marine folgen noble Reederpalais. Die ungeschlachte **Basilika Ste-Trinité** 3 (9–18.30 Uhr) wurde im Zweiten Weltkrieg schwer beschädigt. Elegant hingegen wirkt das Theater **Le Trident** 4 (Führungen Juli–Aug. Mi 14.30 Uhr), ein Bau im trompetenden Stil der Belle Époque.

### Abtauchen
Die **Cité de la Mer** 5 zeigt im alten Terminal des Überseehafens (1924) eine Schau zum Abenteuer Tiefsee. Die Grande Faille, das 10,70 m tiefe Aquarium, beherbergt ein Korallenriff, das der bunten Fischvielfalt Tahitis als Tummelplatz dient. Wer noch tiefer abtauchen möchte, wechselt auf **Le Redoutable:** Das größte zu besichtigende U-Boot der Welt liegt vor dem Eingang im Wasserbecken. Im Titanic-Schwerpunkt wird die Tragödie des Ozeanriesen aufgearbeitet.

Gare Transatlantique, Allée du Président Menut, www.citedelamer.com, Mai–Sept. tgl. 9.30–18, Juli/Aug. 9.30–19, sonst Di–So 10–18 Uhr, 18 €

### Durchatmen
Der **Parc Emmanuel Liais** 6 ist ein botanisches Kleinod mit hundertjährigen japanischen Azaleen, seltenen Baumfarnen und Kakteen, Letztere in Gewächshäusern.

Rue de l'Abbaye, Park März–Mitte Okt. tgl. 8–18.30, Mai/Aug. bis 19.30, Rest des Jahres 8.30–16.45 Uhr; Gewächshäuser Mo–Fr 10–12, 14–17 Uhr

## SCHLEMMEN, SHOPPEN, SCHLAFEN

### In fremden Betten

#### Hafennah und günstig
**Hôtel de la Renaissance**
Kein Palast, aber die Zimmer sind in Ordnung, wenn auch ohne besonderen Charme. Dafür stimmen Preis und Lage in nächster Hafennähe.

4, rue de l'Église, T 02 33 43 23 90, www.hotel-renaissance-cherbourg.com, DZ ab 55 €

#### Zimmer mit Garten in der Stadt
**Les Lilas**
Herrenhaus aus dem 19. Jh. mit drei geräumigen Gästezimmern und chinesischer Note – die Gastgeber haben lange in China gelebt. Garten!

163, rue du Val de Saire, T 02 33 43 06 93, www.chambres-hotes-cherbourg.com, DZ/F 70 €

### Satt & glücklich

#### Brasserie wie in Paris
**Café de Paris** ❶
Schicke Brasserie mit Hafenblick, exzellente Meeresfrüchte und Fisch.

40, quai Caligny, T 02 33 43 12 36, Mo Mittag, So geschl., *formule* 21 € (Di–Fr), Menü 24–42 €

#### Stilvoll und jung
**Le Vauban** ❷
Regionale Produkte, viel Gemüse, und ein sehr nettes Inhaberpaar.

22, quai Caligny, T 02 33 43 10 11, Sa Mittag, So Abend, Mo geschl., *formule* 18 €, Menü ab 25 €

#### Cooles Design
**Le Pommier** ❸
Die kleine Terrasse ist nett, der Saal ein Hingucker, die Küche frisch und innovativ.

15bis, rue Notre-Dame, T 02 33 53 54 60, So/Mo geschl., Menü 26–34 €

#### Trendy & top
**Le Pily** ❹
Das beste Restaurant der Stadt, mit innovativer Küche, puristisch im Design und bei den Rezepten.

39, Grande Rue, T 02 33 10 19 29, www.le-pily.com, Okt.–Mai So abends und Juni–Sept. Mo abends geschl., *formule* 30 €, Menü 43 (Mo–Fr) bis 115 €

### Stöbern & entdecken

#### Gut beschirmt bei jedem Wetter
**Le Véritable Cherbourg**
Einen Regenschirm kann man in der Normandie immer gebrauchen. Hier sind sie aus Seide oder Baumwolle und in einer Traditionsmanufaktur hergestellt.

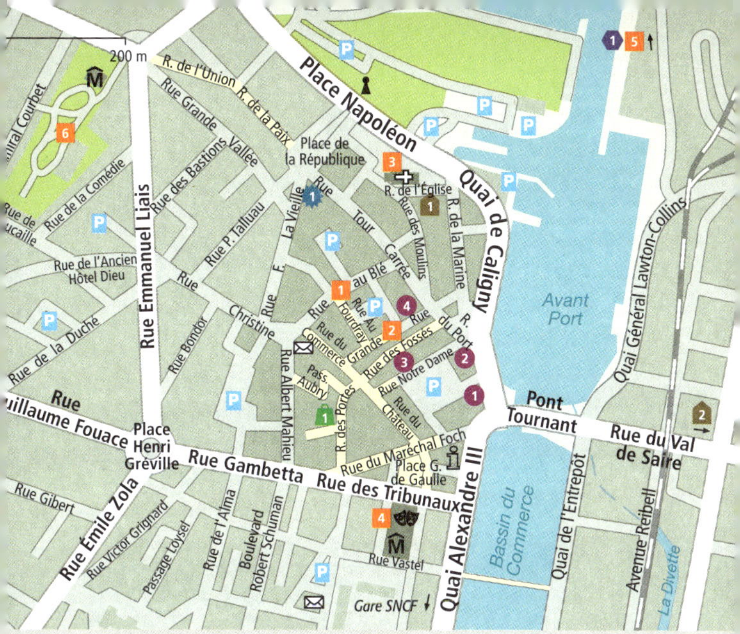

## CHERBOURG

**Sehenswert**
1. Rue au Blé
2. Grande Rue
3. Basilika Ste-Trinité
4. Le Trident
5. Cité de la Mer
6. Parc Emmanuel Liais

**In fremden Betten**
1. Hôtel de la Renaissance
2. Les Lilas

**Satt & glücklich**
1. Café de Paris
2. Le Vauban
3. Le Pommier
4. Le Pily

**Stöbern & entdecken**
1. Le Véritable Cherbourg

**Wenn die Nacht beginnt**
- L'Eldorado

**Sport & Aktivitäten**
1. La Hague à part

22, Quai Alexandre III, www.parapluiedecherbourg.com

---

### ☼ Wenn die Nacht beginnt

Cherbourgs Nachtleben brummt dank trinkfreudiger britischer Touristen und Marinesoldaten auf Freigang. Die Ausgehmeilen liegen nahe der Place de la République, insbesondere in der Rue de la Paix und der Rue de l'Union, im Volksmund »les rues de la soif« genannt. Die Cafés in den ›Durststraßen‹ wechseln häufig Stil, Besitzer, Adresse – der Durst bleibt.

### Auf ein Bier
**L'Eldorado**

Microbrasserie mit eigenem Bier, Billardsaal, Musik in voller Stärke.
52, François La Vieille, www.leldo.fr, 10–1, Sommer bis 2 Uhr

---

### 🛥 Sport & Aktivitäten

**An Bord!**
**La Hague à part**

Bootstour durch die Reede von der Cité de la Mer zu den unter Ludwig XIV. begonnenen Befestigungsdeichen
T 06 61 14 03 32, www.hagueapart.com, 14,50 €

97

**Manche und Mont St-Michel** ▶ Barneville-Carteret

## IN DER UMGEBUNG

**Normannisches Irland**
Das Kaleidoskop der Landschaften am **Cap de la Hague** (28 km westl. A 2, www.encotentin.fr) umfasst Ginsterhecken, Schilf, Felsen mit Leuchttürmen, von Erika lila getönte Hügel, raue Klippen wie an der **Nez de Jobourg**. Einsame Strände wie in der **Baie d'Écalgrain** folgen auf die Mondlandschaft endloser Dünen wie bei **Biville**. Winzige Häfen wie **Goury** gehören ebenso zum Bild wie Dörfer aus Granit wie **Auderville** oder **Diélette**. Die Urlandschaft machte **Jacques Prévert** zu seiner Wahlheimat (▶ S. 100). Gestört wird die Idylle aber durch die atomare Wiederaufbereitungsanlage von La Hague und das AKW Flamanville. Auf dem dramatisch über den Klippen mäanderndem **Küstenwanderweg GR 223** von Landemer bis Diélette im Südwesten sieht man davon jedoch nichts. Tropische Pflanzenpracht ist im **Jardin Botanique de Vauville** (▶ S. 102) zu bewundern.

## INFOS

**Maison du Tourisme:** 2, quai Alexandre III, T 02 33 93 52 02, www.cherbourgtourisme.com

# Barneville-Carteret A 3

Etwas von der Küste abgerückt liegt das alte Dorf Barneville, dessen Pfarrkirche St-Germain (12. Jh.) reich skulptierte Säulenkapitelle birgt. Auf den Hügeln zum Cap de Carteret folgen die Belle-Époque-Villen des Badeorts Carteret, vor dem sich kilometerlange Sandstrände erstrecken.

### ⌂ Mit Seeluft schlummern
**Hôtel des Isles**
Blau-weiß getönte Zimmer mit Seeblick in einem hübschen Hotel à la Cape Cod in modernem Design. Très chic! Mit Pool und Jacuzzi; auch FeWos (Cottages).
9, bd. Maritime, T 02 33 04 90 76, www.hoteldesisles.com, DZ ab 115 €; mit Restaurant, formule 22 €, Menü 34–39 €

### ⌂ Wehrhaftes Hideaway
**Château du Rozel**
Feudaler Wehrbauernhof, nur 1,5 km vom Meer entfernt. Liebevoll eingerichtete Zimmer, komfortable Ferienwohnungen.
Le Rozel (17 km nördl.), T 02 33 52 95 08, www.chateau-du-rozel.com, DZ/F ab 100 €; Ferienhaus für 4–5 Pers. ab 560 €/Woche

*Über Modesünden lässt sich streiten. Aber im Dior-Museum in Granville sind nicht nur die verschrobenen Entwürfe des Skandaldesigners John Galliano zu sehen, sondern auch der berühmte New Look des Firmengründers.*

**Manche und Mont St-Michel** ▶ Granville

Was kann es Bequemeres geben als mit dem Zug an den Strand zu zuckeln? Der nostalgische **Train Touristique du Cotentin** verbindet von Juli bis Anfang Sept. Barneville-Carteret und Portbail. Das Bähnchen zuckelt durch Dünen und Felder. Nächster Halt: *la plage*! (So, Di, Do, T 02 33 04 70 08, www.train-touristique-du-cotentin.com.

### 🍴 Landgasthof mit Weile
**Le Clos Rubier**
Wilder Wein an der Fassade, ein üppig blühender Garten. Hähnchen, Perlhuhn, Lamm werden über der Glut gegrillt. Was seine Zeit dauert.
14, hameau Gaillard, St-Jean-de-la-Rivière (3 km südl.), T 02 33 04 98 10, Juli–Aug. tgl., sonst Di, Mi geschl. Menü 13 € (mittags unter der Woche), sonst 19–32 €

### 🌊 Beachen & Baden
**Flacher Sandstrand** von Portbail bis Barneville, **Dünen** vom Cap de Carteret bis Le Rozel.

### 🥾 Wandern
**Küstenwanderweg GR 223** von der Ruine der alten Kirche (12. Jh., frei zugänglich) am Cap Carteret zum Cap de Flamanville (17 km) vorbei an endlosen Sandstränden und dem Weiler Le Rozel.

### ℹ️ Infos
Office de Tourisme: 15 bis, rue Guillaume Le Conquérant, Barneville-Carteret, T 02 33 04 90 58, www.otcdi.com

## IN DER UMGEBUNG

### Romantisch und romanisch
**Portbail** (🗺 A 4, 7 km südl., www.portbail.fr) liegt an der Mündung der Ollonde. Das verbummelte Dorf punktet mit Stränden, Dünenwanderwegen, Strandseglerbasis und der romanischen Kirche Notre-Dame mit frühchristlichem Baptisterium (Juli/Aug. 10–12, 15–18 Uhr, 2 €).

# Granville 🗺 A 6

**Die befestigte Haute Ville drängt sich auf einem ins Meer vorpreschenden Fels. Zu ihren Füßen liegt der Hafen, wo die Fähren nach Jersey und Guernsey ablegen, und im Norden das um einen Hauch mondänere Seebad. Gefeiert wird vor allem im Februar: Granville ist Karnevalshochburg.**

## WAS TUN IN GRANVILLE?

### Die Oberstadt erkunden
Zugang zur Haute Ville ist die **Grand' Porte,** ein Stadttor mit Ziehbrücke. Im Haus des königlichen Verwalters ist das **Musée d'Art et d'Histoire** mit einer Schau zur Lokal- und Seefahrtsgeschichte untergebracht (2, rue Lecarpentier, wegen Umbau geschl., Wiedereröffnung voraussichtlich 2020). Im Westen der Oberstadt ragt der **Leuchtturm** empor. Daneben liegt das etwas angestaubte, skurrile **Aquarium du Roc** mit Muschelmuseum und Schmetterlingssammlung (www.aquarium-du-roc.com, April–Sept. tgl. 10–19, Rest des Jahres 10–12.30, 14–18.30 Uhr, 9 €). Von der **Place de l'Isthme** am Ostende der Oberstadt hat man einen fantastischen Ausblick auf den Strand. Am Platz zeigt das **Musée d'Art moderne Richard Anacréon** Bilder von Derain, Van Dongen, de Vlaminck (Juni–Sept. Di–So 11–18 Uhr, sonst Fr–So 14–18 Uhr, Anfang Nov.–Mitte Febr. geschl., 5 €).

### Beim Modezar vorbeischauen
In der **Villa Les Rhumbs** hoch über den Klippen verbrachte Christian Dior seine Kindheit. Heute werden Villa und Garten als **Musée Christian Dior** genutzt. Zu sehen ist eine Dauerausstellung zum

# # 13

# Dichter-Hideaway – mit Prévert am Cap de la Hague

**Berühmt wurde Jacques Prévert (1900–1977) durch die Drehbücher für die Marcel-Carné-Filme »Quai des Brumes« und »Les Énfants du Paradis«, aber auch durch Chansontexte für Juliette Gréco und Yves Montand. Seinen Frieden fand der Dichter am Cap de la Hague.**

In **Port Racine** erfordert jedes Ein- oder Auslaufen zentimetergenaues Navigieren. Prévert kam mit seiner Frau Janine oft an den Hafen, der als der kleinste Frankreichs gilt. 1970 kaufte das Paar im Weiler Le Val beim nahen Omonville-la-Petite ein altes Granitgemäuer, das heute als Maison Prévert zu besichtigen ist. Der Filmausstatter Alexandre Trauner besaß im Dorf bereits ein Haus und lockte die beiden ans Cap de la Hague.

## Hideaway mit Garten

Auf dem **Friedhof** 1 von Omonville-la-Petite zieren drei Findlinge die Gräber des Dichters, seiner Frau und Tochter Michelle. Préverts Haus taucht nach einer guten Viertelstunde zwischen Apfelbäumen, Kletterrosen und Lilien auf. Den Umzug in den bezaubernden Ort bewirkte seine Frau, nachdem Prévert gesundheitliche Probleme bekam. 1975 erkrankte der Dichter an Lungenkrebs und starb zwei Jahre später in dem geliebten Haus. Die Witwe blieb bis zu ihrem Tod.

Seit 1995 ist die **Maison Prévert** 2 ein Museum. Im Erdgeschoss lässt ein Film Préverts Leben Revue passieren. Salon und Atelier vereinen sich zu einem lichten Raum. Moderne Möbel kontrastieren mit diversen *objets trouvés,* etwa einer japanischen Porzellangeisha oder einer Modelleisenbahn aus Holz. Auf Préverts himmelblauem Arbeitstisch verteilen sich ein Schiffchen, eine Lupe, Scheren und Leim, um Collagen herzustellen. Bliebe noch der Garten, in dem Kletterrosen in Apfelbäume steigen und ein dickbäuchiger griechischer Gott auf der Terrasse thront.

*Anspielungsreiche Symbolik: Dionysos als Gott von Rausch und Maßlosigkeit. Typisch Prévert!*

Wanderer, kommst Du ans Cap de la Hague: Ein **Rundweg** führt von Port Racine über den Jardin zur Maison Prévert und zurück zum Hafen. Die ca. 10 km lange Route folgt dem lauschigen Vallée du Moulin und dem Küstenweg oberhalb der Anse St-Martin.

## Ein Garten von Freunden

Jacques Préverts Tod riss eine Lücke in die Reihen der Pariser Künstlerbohème. Einer der Freunde war Gérard Fusberti. Der gutaussehende, schwule und sorgenlose Sohn aus gutem Hause hatte von seinen Eltern ein Antiquitätengeschäft im nahen Goury geschenkt bekommen, als er 1964 mit gerade 20 Jahren die Préverts kennenlernte. Gérard Fusberti wurde ein enger Freund der Familie. Zusammen mit Préverts Witwe Janine und Yves Montand schuf er schließlich ab 1980 in einem verwilderten Mühltal bei St-Germain-des-Vaux den **Jardin en Hommage à Jacques Prévert** 3.

Die Pinien für den Garten stiftete Yves Montand, das Efeu die Schauspielerin Arletty, die Linde übergab der Fotograf Robert Doisneau, den Bambus steuerte der Bürgermeister von Cherbourg bei, die Eichen der Verlag Gallimard, die Apfelbäume die Fondation Maeght aus dem provenzalischen St-Paul-de-Vence. Dazwischen wuchern Gunnera-Stauden, Préverts Lieblingspflanzen.

**ÜBRIGENS**

Knallrot leuchten Brückengeländer und Bänke aus dem Grün des Prévert-Gartens. Holunder schießt aus der Ruine einer über 300 Jahre alten Mühle. Der Jardin ist ein nonchalantes Paradies, das dem Dichter gefallen hätte.

---

### INFOS/ÖFFNUNGSZEITEN

**Maison Prévert** 2: Le Val, Omonville-la-Petite, T 02 33 52 72 38, www.manche.fr/patrimoine, April/Mai 14–18, Juni, Sept. 11–18, Juli/Aug. 11–19 Uhr, 5 €

**Jardin en Hommage à Jacques Prévert** 3: Vallée des Moulins, St-Germain-des-Vaux, Ostern–Juni, Sept. Sa–Do 14–19, Juli/Aug. tgl. 11–19 Uhr, 6 €

### KULINARISCHES FÜR ZWISCHENDRIN

Allein die einsame Lage am Küstenwanderweg (ab Port Racine, 10 Min.) hat mich spontan für das **Moulin à Vent** 1 eingenommen. Und dann die Küche: gearbeitet wird mit erstklassigen Produkten, darunter seltene Ormeaux-Muscheln (St-Germain-des-Vaux, 10, rte de Port Racine, T 02 33 52 75 20, www.le-moulin-a-vent.fr, Mi, außer Juli/Aug. auch Do geschl., Menü 25–77 €). In nicht zu toppender Lage über der St-Martin-Bucht liegt **L'Erguillère** 2: Bar und *salon de thé* mit Terrasse (Blick auf Bucht und Hafen!), auch Radverleih und sehr schöne Zimmer im Hotel. Port Racine, T 02 33 52 75 31, www.hotel-lerguillere.com, DZ 105–160 €

**Faltplan:** A 2 | Wanderung: ca. 9 km, 3 Std. ohne Besichtigungen

# Tropen am Ärmelkanal – im Jardin Botanique de Vauville

**Der Golfstrom beschert der Normandie ein mildes Klima mit nur wenigen Frosttagen. Die warme Meeresströmung bringt zudem reichlich Regen mit. So kommt die Normandie zu ihrem satten Grün und zu über hundert Gärten und Parks, die zur Besichtigung einladen. So exotisch wie der Jardin Botanique de Vauville ist jedoch keiner.**

Hinter den Dünen von Vauville lugen die Kronen eines Palmenwalds empor: der Jardin Botanique de Vauville. Cléophile de Turckheim und Guillaume Pellerin erwarten die Besucher am **Eingang** 1 ihres Tropengartens, der südlich des Anwesens am Weg zum Strand liegt. Der Rundgang beginnt mit einer Einführung in die mikroklimatischen Kapriolen am Cap de la Hague, dem nordwestlichsten und zugleich klimatisch mildesten Punkt der Normandie am Ärmelkanal.

## Auf botanischer Weltreise

Es geht durch das übermannshohe Bambusrondell des **Théâtre de Bamboo** 2 zur eindrucksvollen **Palmeraie haute** 3, dem Palmenhochwald aus wogenden japanischen Livinstonia- und Braheapalmen. Tasmanischer Baumfarn, haushohe Yuccas, Feigen- und Eukalyptusbäume, kraftvoll blühende Geranien aus Madeira, Bananenstauden und Mittelmeerzistrosen setzen die Illusion des Südens in Szene.

Geheimnisvoll wird es im **Jardin de la sagesse** 4: im ›blauen Gewölbe‹ beschirmen Eucalyptus-pauciflora-Bäume einen Tunnel. Wetterfeste Hecken schützen die zarter besaitete Flora vor ruppigen Winterstürmen.

Im Park von Vauville lassen sich je nach Sonnenausrichtung und windgeschützter Lage sehr unterschiedliche Temperaturzonen nachweisen. So werden etwa im **Jardin exotique** 5, dem geschütztesten Teil, im Jahresmittel drei Grad mehr

›Gîtes au jardin‹ heißen Pensionszimmer oder Ferienwohnungen, die in einem Park liegen (www.gites-de-france-normandie.com). Uns gefiel besonders **La Blanche Maison** 1, deren Nebengebäude in eine stylische *Chambre d'hôte* (eigene Küche) und ein Ferienhaus mit Meerblick verwandelt wurden. Im Garten blühen 300 Hortensiensorten (Urville-Nacqueville, 874, rue St-Laurent, Tel. 02 33 03 48 79, www.blanchemaison.com, DZ/F 75 €, Ferienhaus für max. 5 Pers. ab 280 €/Woche).

# Jardin Botanique de Vauville #14

als im Palmenhochwald oder dem Bambustheater gemessen.

## Im Hintergrund ein Herrenhaus

Das **Château de Vauville** 6, um das der botanische Garten angelegt wurde, ist ein zauberhaftes normannisches Herrenhaus (16./17. Jh.), dessen Vorgängerbauten bis ins 12. Jh. belegt sind.

Der **Chemin de la Découverte** 7 entlang den Umfassungsmauern entspricht dem Verlauf des ehemaligen Wassergrabens. Im Schutz der Mauer wuchern Blauzedern, säbelspitzer Neuseeländer Flachs und Süßgras – es ist die Keimzelle des Gartens, wo erstmals die Akklimatisierung exotischer Pflanzen gelang. Seit Gründung des Gartens 1947 konnten in Vauville über 600 Pflanzen der tropischen Sphäre heimisch gemacht werden.

**ÜBRIGENS**

Womit in Vauville gedüngt wird? Mit Kompost, Mist und natürlich Algen. Letztere gibt es direkt vor dem Gartentor in Massen.

---

**INFOS/ÖFFNUNGSZEITEN**

**Jardin Botanique de Vauville:** Vauville, T 02 33 10 00 00, www.jardin-vauville.fr, April–Sept. tgl. 14–18 (Juli-Aug. bis 19), Okt. Sa, So 14–18 Uhr, 1,5-stündige Führung oder freie Besichtigung 9 €, im Sommer zudem 2-stündige Führung mit Landschaftsgärtner und Gartenbesitzer Eric Pellerin, 15 €

In der **Boutique du Jardin**  werden Setzlinge und Gartenliteratur angeboten.

---

**GÄRTEN IN DER NORMANDIE**

Das regionale Fremdenverkehrsamt (▶ S. 109) verschickt die Broschüre »Parcs & Jardins« mit über hundert zu besichtigenden Parks und Gärten plus Veranstaltungskalender (im Internet: www.normandie-tourisme.fr/docs/484-1-les-parcs-et-jardins.pdf).

---

**KULINARISCHES FÜR ZWISCHENDRIN**

Im **Salon de thé** 1 des Jardin botanique gibt es im Sommer Crêpes, Tarte aux pommes, Macarons, Tee, Café, Chocolat chaud und kühle Getränke. Gehaltvoller ist der Mittagstisch in **La Renardière** 2, dem Tabac-Epicerie-Brasserie-Café von Vauville: Räucherfisch, Wurstteller, Seelachs mit Curryreis, Confit de Canard (Vauville, 12, rue du Pavillon, T 02 33 04 50 31, So–Fr 10–19, Mittagstisch 11.45–14.15 Uhr, *formule* 19,50 €).

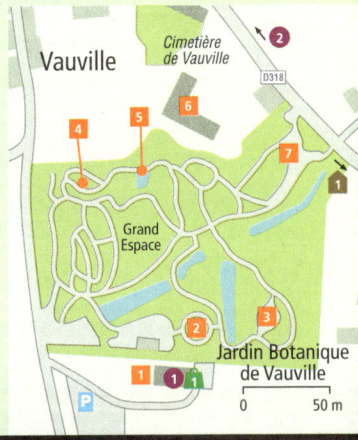

**Faltplan:** A 2 | Spaziergang: 1,5–2 Std.

## Manche und Mont St-Michel ▶ Granville

Man setze sich unter einen Apfelbaum, and the livin' is easy. **Jazz sous les pommiers** (www.jazzsouslespommiers.com) heißt eins der besten Jazz-Festivals Frankreichs, jedes Jahr um Christi Himmelfahrt in **Coutances** (📖 B 5).

Erfinder des New Look. Im Sommer auch Sonderausstellungen.
Rue d'Estouteville, www.musee-dior-granville.com, April–Sept. 10–18.30 Uhr, Kernöffnungszeit ganzjährig 9–17, im Sommer bis 21 Uhr, 8 €, Garten frei zugänglich

### SCHLEMMEN, SHOPPEN, SCHLAFEN

#### 🏠 Belle-Époque-Koloss
**Hôtel des Bains**
Am schönsten sind die Zimmer mit Seeblick und Balkon, etwas düster die zum Innenhof!

*Granville feiert seine maritime Tradition beim Festival des Voiles de Travail. Das blau-weiß gestreifte Fischerhemd gehört natürlich dazu.*

19, rue Georges Clemenceau, T 02 33 50 17 31, www.hoteldesbains-granville.com, DZ ab 58 €

#### 🏠 Metzger adé
**Le Logis du Roc**
Das schmale Haus in der Oberstadt war einmal eine Metzgerei und bietet jetzt pro Etage ein nettes Gästezimmer.
13, rue St-Michel, T 06 18 35 87 42, www.legisduroc.com, DZ/F ab 62 €

#### 🍴 Design und Kreativität
**L'Edulis**
Das puristische Interieur signalisiert, dass hier entschieden modern und kreativ gekocht wird: Kabeljau mit eingelegtem Sellerie, Kaninchenterrine mit Salbei.
8, rue de l'Abreuvoir, T 02 14 13 45 88, Mo, Di geschl., *formule* 32 €, Menü 39–60 €

#### 🛍 Schokolade und Eis
**Yver Chocolatier**
Maître-Chocolatier Cédric Yver lädt in sein Kakaobohnen-Imperium am Stadtrand ein (189, route de Villedieu, www.yver-chocolatier.fr). Im Stadtzentrum sind seine Schokoladen in der Boutique **La Marquise de Presles** (26, rue Lecampion) erhältlich. Eis macht er auch: **Yver Glacier** an der Place du Casino.

#### ⚓ Nostalgischer Segeltörn
**La Granvillaise**
Ausflüge auf einem historischen Fischkutter.
Association des Vieux Gréements Granvillais, 43, bd. des Amiraux, T 02 33 90 07 51, www.lagranvillaise.org, April–Okt., Tag 72 €, halber Tag 45 €, in der Nebensaison günstiger.

#### ⚓ Wassersport
**Centre régional du nautisme**
Strandsegeln, Segeln, Kajak; Kurse und Materialverleih.
Bd. des Amiraux, T 02 33 91 22 62, www.crng.fr

### INFOS

**Office de Tourisme:** 4, cours Jonville, T 02 33 91 30 03, www.tourisme-granville-terre-mer.com

**Manche und Mont St-Michel** ▶ Le Mont St-Michel

**Festival Voiles de Travail:** Windjammer-Fest mit Fischverkostung, Ende Aug., www.festivaldesvoilesdetravail.com
**Bus:** Nach Avranches/Mont St-Michel mit Manéo, www.manche.fr/transports, Abfahrt beim Bahnhof
**Schiff:** Fähre zu den Chausey-Inseln, Gare Maritime, www.vedettesjoliefrance.com, Mai–Okt., 27,20 €, 50 Min.

## IN DER UMGEBUNG

### Robinson-Gefühle
Die **Îles Chausey** bilden einen Archipel 17 km vor der Küste. Bewohnt ist nur die 2 km lange Grande Île mit Leuchtturm, Fort, Stränden und Vogelschutzgebiet. Übernachten kann man auf der **Ferme de Chausey,** einem ehemaligen Bauernhof mit einfachen FeWos (T 02 33 90 90 53, www.ileschausey.com, Woche ab 410 €/2 Pers., ab 647 €/7 Pers.).

# Le Mont St-Michel 🗺 B 6

**Majestätisch erhebt sich der Abteiberg des hl. Michael über Polder und Salzwiesen. Möglich machte das Wunder eine Sturmflut zu Beginn des 8. Jh., bei der die Landverbindung des 80 m hohen Granitkegels weggespült wurde (▶ S. 106).**

### 🏠 Am Weg zum Mont St-Michel
**Le Clos St-Gilles**
Die ehemalige Leprosenstation aus dem 17. Jh. liegt am Weg zum Weltwunder – das man aus einem der geräumigen *Chambres d'hôte* bewundern kann.
2, route de St-Gilles, Ardevon (6 km südl.), T 02 33 48 07 63, www.leclossaintgilles.fr, DZ/F 110 €, ab 2. Nacht 100 €

### 🍴 Für das Leben essen wir
**Auberge du Terroir**
In der alten Schule gelegener Gasthof mit gehobener Landküche.
Servon (10 km östl.), T 02 33 60 17 92, Mitte Nov.–Mitte Dez. und Febr. geschl., Do mittags, Mi geschl., Menü 23–75 €, auch Zimmer, DZ 80–90 €

### 🚴 Radfahren
Ausgeschilderte Touren rund um die Bucht, Info beim Office de Tourisme.

### 🚶 Durch die Bucht wandern
Unvergesslich bleibt eine Wanderung bei Ebbe durch die Bucht des Mont St-Michel. Doch auf gar keinen Fall ohne kundige Begleitung in die Bucht vorwagen! **Chemins de la Baie** heißt der Zusammenschluss verschiedener Führer in Genêts an der Nordostseite der Bucht.
34, rue de l'Ortillon, Genêts, T 02 33 89 80 88, www.cheminsdelabaie.com, 4-stündige Wanderung 12 €

### ℹ️ Infos und Termine
**Office de Tourisme:** Corps de Garde, T 02 33 60 14 30, www.ot-montsaintmichel.com
**Fêtes de la St-Michel:** Zwei Patronatsfeste zu Ehren des hl. Michael, jeweils am So, der dem 8. Mai bzw. dem 29. Sept. am nächsten liegt, Konzerte und Messe in der Abtei.
**Pélerinage des Grèves:** Ende Juli, www.abbaye-montsaintmichel.com. Prozession ab Pont de Genêts
**St-Michel-Marathon:** Mai, Start des Laufs in Cancale (🗺 A 6), www.runinmontsaintmichel.com

## IN DER UMGEBUNG

### Handschriften aus dem Mittelalter
**Avranches** 🗺 B 6
Der Ort 23 km nordöstl. (7800 Einw., www.avranches.fr/tourisme) wurde bereits im 6. Jh. als Bischofssitz erwähnt. Von der schmucken Stadt auf einem Hügel schweift der Blick zur Küste bis zum Mont St-Michel. Über 200 mittelalterliche Handschriften vom »Heiligen Berg« werden im hochmodernen **Scriptorial** abwechselnd ausgestellt (Pl. d'Estouteville, www.scriptorial.fr, April–Sept. Di–So 10–13, 14–18, Juli/Aug. bis 19, Okt.–März Di–Sa 14–18 Uhr, 8 €).

# 15

# Klosterberg im Meer – **Mont St-Michel**

**1879 wurde der Mont St-Michel durch eine Deichstraße mit dem Festland verbunden, und die Massen strömten zum Klosterberg. Ebbe und Flut strömten hingegen nicht mehr ungehindert, so drohte die Bucht zu versanden. Bis eine gigantische Renaturierungskampagne begann.**

## Die Zukunft im Modell

Im hypermodernen **Centre d'Information** am Parkplatz wird das 200 Mio. Euro teure Großprojekt in Fotos und Modellen vorgestellt. 2015 wurde die Deichstraße abgerissen. Bis 2020 sollen 80 % der Sedimente weggespült, bis 2025 die Bucht wieder in ihren Urzustand versetzt sein. Dafür wurde 2010 die elegante Brückenschleuse gebaut, mit der das Wasser des Couesnant so reguliert werden kann, dass es wieder die Bucht freispült.

*Aussicht von der Festungsmauer: viel Sand, wenig Meer. Den Sand soll das Meer nun aber wieder fortspülen.*

## Am besten zu Fuß!

Vom Parkplatz verkehrt ein Pendelbus (gratis) über die auf filigranen Pfeilern ruhende Brücke zum Mont St-Michel. Ich gehe lieber zu Fuß (ca. 30 Min.). Der Blick schweift dann über die weite Bucht, die sich bei Ebbe in eine Landschaft aus Sandbänken, Schlick und Prielen verwandelt.

**ÜBRIGENS**

»Le Couesnant par sa folie, a mis le Mont St-Michel en Normandie« lautet ein französischer Reim. Soll heißen: der Grenzfluss Couesnant hat den Abteiberg durch eine Laune – in diesem Fall seinen mehrfach wechselnden Lauf – der Normandie und nicht der Bretagne zugeschlagen.

## Zauberberg des Abendlands

Wie durch ein Nadelöhr muss man zunächst durch die **Porte de l'Avancée** [1]. Dahinter öffnet sich die Cour de l'Avancée: Die beiden Kanonen haben Engländer auf der Flucht 1434 zurückgelassen. Es folgen die Porte du Boulevard, der zweite Mauerring und die Porte du Roi. Am Portal von **St-Pierre** [2], der Pfarrkirche aus dem 11. Jh., befindet man sich bereits 50 m über dem Meer. Aber ein Ende der Kraxelei ist noch lange nicht in Sicht. Eine steile Treppe, Le Gouffre, führt weiter nach oben: zunächst zum **Châtelet** [3], einem Verteidigungsbau des 14. Jh. in grau-rosa-farbenem Granit. Und dann zur **Salle des Gardes** [4] mit den Ticketschaltern für das Kloster.

**Mont St-Michel** #15

Die Besichtigung des **Klosters** 5 erfordert etwas Puste: Das mittelalterliche Labyrinth zieht sich über mehrere Etagen. Es geht kräftig treppauf (300 Stufen!) und treppab. Kühn stauchen sich Rittersäle, Kirchengewölbe und Türme auf engstem Raum bis zu 157 m über dem Meer. Noch warten mit den **Logis abbatiaux** die Wohntrakte der Äbte im Süden und **La Merveille,** ein 1211 errichteter gotischer Bau mit Refektorium, Kreuzgang und sechs Sälen auf drei Etagen im Nordosten.

Die **Abteikirche,** auf deren Turm seit 1897 die Statue des hl. Michael mit dem Drachen prunkt, bildet den krönenden Abschluss. Erst nach dem Teilabriss des 1080 errichteten Gotteshauses 1780 erhielt der Bau die spätbarocke Fassade. Die im Kern romanische Kirche thront auf archaisch schlichten Krypten. Hinter dem Ausgang liegt der **Jardin de l'Abbaye** 6, der Klostergarten. Von hier sieht man zu den Chausey-Inseln hinüber, von denen der beim Bau verwendete rosafarbene Granit stammt. Der Besuch endet mit dem Gang über die Stadtmauer. Immer im Blick dabei die Bucht – ein Bild von surrealer Schönheit.

Sterne fangen beim Wandern? Geht. Der Fernwanderweg GR 34, der die Normandie mit der Bretagne verbindet, führt über das Bauwerk, dessen Scheitel der Attrappeur d'Etoiles markiert. Der ›Sternenfänger‹ ist einem mittelalterlichen Manuskript aus der Bibliothek des Mont St-Michel entnommen, das im Scriptorial von Avranches (▶ S. 105) verwahrt wird.

---

INFOS/ÖFFNUNGSZEITEN
**Centre d'Information:** auf dem neuen Parkplatz, www.bienvenueaumontsaint michel.com, Ostern–Sept. 9–19, sonst 10–18 Uhr, Parkplatz Pkw 12 €/Tag, 6,50 € unter 2 Std
**Kloster** 5: www.abbaye-mont-saint-michel.fr, Mai–Aug. 9–19, Sept.–April 9.30–18 Uhr, letzter Einlass 1 Std. vor Schließung, 10 €, mit Führung 13 €, Audioguide 3 €; Juli/Aug. Mo–Sa nächtliche Besichtigung mit szenischen Einlagen, 19–24 Uhr

KULINARISCHES FÜR ZWISCHENDRIN
Empfehlenswert ist der **La Ferme Saint-Michel** 1. Im Restaurant gibt es das berühmte Lamm von den Salzwiesen. Für Eilige wird die günstige »assiette de la ferme« (12 €) angeboten. Als besonderen Service gibt es obendrein eine Ladestation für Elektroautos (Le Bas-Pays, T 02 33 58 46 79, www.restau rantfermesaintmichel.com ganzjährig tgl. geöffnet, Menü 22–45 €).

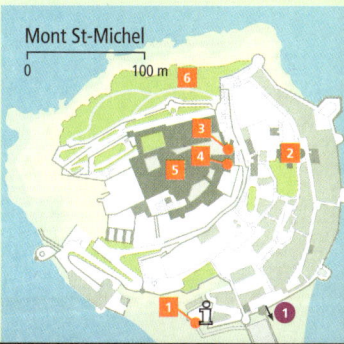

**Faltplan:** B 6 | Rundgang: ca. 3 Std.

# Hin & weg

## ANREISE

**… mit dem Flugzeug**
Zielflughafen **Paris**, z. B. mit Air France (www.airfrance.de). Von dort geht es mit dem Zug oder dem Leihwagen weiter. Interessant aus Südwestdeutschland sind die Verbindungen mit Hop! aus Luxembourg und Strasbourg nach **Caen** (www.hop.com).

**… mit dem Zug**
Hochgeschwindigkeitszüge Thalys (NRW-Bahnhöfe, www.thalys.com) und ICE (Frankfurt, Süddeutschland, www.bahn.de), beide nach Paris-Nord, nach Paris-Est auch TGV (Stuttgart, Karlsruhe, www.oui.sncf).
**Zug ab Paris:** Weiter ab Gare Lazare (Rouen 1.15 Std., Le Havre 2 Std., Bayeux 2.15 Std.), seltener ab Gare Montparnasse (nach Alençon, Granville). In Thalys und TGV Reservierung und Zuschlag erforderlich. Info und Buchung über www.oui.sncf. **Räder** dürfen in den meisten frz. Zügen mitgenommen werden. Infos zur Radmitnahme innerhalb Frankreichs und in frz. Zügen vom Ausland nach Frankreich: www.sncf.com/fr/offres-voyageurs/voyager-en-tout.

**… mit dem Bus**
Ouibus heisst die Bustochter der SNCF mit täglichen Verbindungen ab Paris La Défense und Paris Bercy nach Rouen, Le Havre, Caen (www.ouibus.com).

**… mit dem Auto**
Reisende aus den Niederlanden, Belgien, Nord- und Westdeutschland nehmen die A 28 durch die Haute-Normandie. Reisende aus der Schweiz, Südwest- und Süddeutschland fahren über Paris, dann über A 13 nach Rouen und Caen.
**Autobahn-Péage** zahlbar mit Bargeld oder Kreditkarte, www.autoroutes.fr.
**Blitzer-Infos** auf www.radars-auto.com. Sinnvoll: Auslandsschutzbrief und die grüne Versicherungskarte.

## EINREISEBESTIMMUNGEN

Für EU-Bürger und Schweizer reichen Personalausweis oder Identitätskarte. Kinder benötigen ein eigenes Reisedokument. Bei einem Aufenthalt über drei Monate benötigen auch EU-Bürger eine Aufenthaltsgenehmigung.
**Zollvorschriften:** Frei sind 10 Liter Spirituosen, 20 Liter andere alkoholische Getränke mit maximal 22 %, 90 Liter Wein, davon maximal 60 Liter Schaumwein, 110 Liter Bier. Bei Tabak: 800 Zigaretten, 400 Zigarillos, 200 Zigarren und 1 Kilogramm Tabak.

## FEIERTAGE

**1. Januar:** Neujahr (Jour de l'An)
**Ostermontag:** (Lundi de Pâques)
**1. Mai:** Tag der Arbeit (Jour de Travail)
**8. Mai:** Sieg über Hitler-Deutschland (Victoire des Alliés 1945))
**Christi Himmelfahrt:** (Ascension)
**Pfingstmontag:** (Lundi de Pentecôte)
**14. Juli:** Nationalfeiertag, Sturm auf die Bastille
**15. August:** Mariä Himmelfahrt (Assomption)
**1. November:** Allerheiligen (Toussaint)
**11. November:** Waffenstillstand und Ende des Ersten Weltkriegs (Armistice de 1918)
**25. Dezember:** Weihnachten (Noël)

## GESUNDHEIT

**Apotheken** *(pharmacies)* sind am grün blinkenden Neonkreuz zu erkennen; viele Medikamente rezeptfrei. Der Apotheker berät auch. **Ärzte** sind sofort zu zahlen, die Krankenkasse erstattet gegen Vorlage der Rechnung. Über die Auslandskarte (EHIC) rechnen nur Krankenhäuser ab. Eine **Reisekrankenversicherung** ist sinnvoll, um sich gegen nicht gedeckte Kosten abzusichern.

**Hin & weg**

## INFORMATIONSQUELLEN

**Französische Zentrale für Tourismus: Atout France**
**Deutschland:** Postfach 100 128, 60001 Frankfurt am Main, info.de@france.fr, de.france.fr
**Österreich:** T 01 5 03 28 92, info.at@france.fr, at.france.fr
**Schweiz:** T 044 2 17 46 00, info.ch@atout-france.fr, www.france.fr

**Normandie gesamt**
**Comité Régional du Tourisme de la Normandie (CRT):** 14, rue Charles Corbeau, 27000 Évreux, T 02 32 33 79 00; unter www.normandie-tourisme.fr gibt es alle wichtigen Informationen und dazu Kurzreportagen wie »Muscheln suchen im Watt« oder »Wohnen im Leuchtturm«. Regelmäßig aktualisierte und gut strukturierte deutschsprachige Version!

**Einzelne Departements**
**CDT Eure:** Hôtel du Département, Boulevard Georges Chauvin, CS 10367, 27003 Evreux Cedex, T 02 32 62 04 27, www.eure-tourisme.fr
**CDT Seine-Maritime:** 6, rue des Vipères d'Or, BP 60, 76420 Bihorel, T 02 35 12 10 10, www.seine-maritime-tourisme.com
**CDT Calvados:** 8, rue Renoir, 14054 Caen Cedex 4, T 02 31 27 90 30, www.calvados-tourisme.com
**CDT Orne:** Hôtel du Département, 27, boulevard de Strasbourg, 61017 Alençon Cedex, T 02 33 28 88 71, www.ornetourisme.com
**CDT Manche:** La Maison du Département, 50008 St-Lo Cedex, T 02 33 05 98 70, www.manchetourisme.com

## INTENETADRESSEN

**www.normandie-qualite-tourisme.com:** Hotels, Restaurants, Campingplätze, Museen und Anbieter von touristischen Dienstleistungen mit Qualitätscharta der Region
**www.musees-normandie.fr:** Infos zu den Museen in der gesamten Normandie
**www.lamanchelibre.fr:** Website der Tageszeitung »La Manche Libre«, aktuelle Infos zu Manche und Calvados
**www.france-randonnee.fr:** Organisierte Wander-, Rad- und Reittouren
**www.normandie44lamemoire.com:** alles zum 6. Juni 1944 (D-Day)
**www.larouteducidre.fr:** auf vier Etappen den normannischen Cidre entdecken – auf der Cidre-Straße durch das Pays d'Auge
**www.poferries.com, www.brittanyferries.com:** Websites der Fähren nach England oder Irland, mit Angeboten für Tagestrips; auch auf Deutsch.

**Einzelne Regionen**
**www.plateaudecauxmaritime.com:** Pays de Caux mit Küste
**www.bessin-normandie.com:** nicht nur touristische Infos zu Bessin und Virois, sondern eine Plattform über Land und Leute; auch auf Englisch
**www.encotentin.fr:** alles zum Cap de la Hague

## KLIMA UND REISEZEIT

In der Normandie erlebt man an einem Tag jedes Wetter – behauptet ein Sprichwort. Soll heißen: Das Klima ist sehr wechselhaft. Badehose und Regenschirm gehören daher auch im **Sommer** beide ins Gepäck. Pulli und Windjacke können neben Sonnenbrille und Sunblocker ebenfalls nicht schaden. Praktisch sind zudem ein Paar Stiefel für die Wanderung bei Ebbe oder feste Gummilatschen für die Kieselstrände der Côte d'Albâtre. Baden geht im Sommer allemal – Wassertemperatur dann 18–20 °C.
Warum aber nicht im **Frühjahr** reisen, wenn Millionen blühender Apfelbäume die Wiesen des Pays d'Auge mit blassrosa Tupfern versehen? Oder im **Herbst,** wenn die Äpfel fallen, und kurz darauf die dünnen Rauchfahnen der Calvados-Brennereien in der

**Hin & weg**

kühlen Morgenluft stehen? Beide Jahreszeiten sind zum Wandern ideal, sei es an der Küste, sei es in der Normannischen Schweiz. Richtig kalt wird es auch im **Winter** nicht – das ozeanische Klima macht's möglich. Im Pays de Caux etwa liegt der winterliche Mittelwert bei 3° C. Dafür wird es umso feuchter. Für Ausnahmen sorgt das Mikroklima: Während es in der Regenhochburg Cherbourg 1030 mm im Jahresmittel schüttet, sind es am Cap de la Hague 630 mm.

---

### NOTRUF

**Polizei:** T 17, **Feuerwehr:** T 18
**Krankenwagen (SAMU):** T 15
**Handynotruf:** T 112
**Zentrale Sperr-Telefonnummer für Bank- und Kreditkarten:**
T +49 116 116

---

### REISEN MIT HANDICAP

http://dgcisth.armadillo.fr: Liste von Betrieben und Attraktionen in Frankreich, die dem Label »Tourisme et Handicap« entsprechen – über 400 allein in der Normandie.

### SPORT UND AKTIVITÄTEN

**Baden & Beachen**
Gut 600 km Küste bedeuten Badefreuden im Großformat. Viele Strände werden in der Saison überwacht. Vorsicht bei Strömungen in der Nähe von Flussmündungen! Unbedingt auf die Gezeiten achten – die aktuellen Daten hängen am Strand oder am örtlichen Office de Tourisme aus.
**Strandtipps:** Wenn in **Veules-les-Roses** bei Ebbe das Meer weicht, taucht ein breiter Sandstrand auf. Tief ins Kreidegestein eingeschnitten ist der Kieselstrand von **Les Petites Dalles** nordöstlich von Fécamp: Hier stieg schon Kaiserin Sissi ins Wasser.

In Trouville lockt der feine Sandstrand **Les Roches Noires** an die Côte Fleurie. Auf dem rechten Ufer der Ornemündung bei **Merville-Franceville** stört kein Haus die Landschaft mit Dünen und Sandbänken. Der Tipp für die Côte de Nacre: **Omaha Beach**, weil Sand ohne Ende. Durch Erika, Farn und Ginster geht es südlich von La Hague zur **Anse de Vauville** – hohe Wellen, Wind und eine grandiose Aussicht inklusive. Nördlich von **Carteret** schwingen sich die Dünen über dem Naturstrand zu einem Kleingebirge auf. In **Granville** geht man im Schatten der auf einem Fels thronenden Altstadt ins Wasser.

**Fahrrad und Mountainbike**
Immer öfter haben Radfahrer auf der Landstraße Vorfahrt, etwa auf der schönen Küstenstrecke von Fécamp nach Étretat. Fürs Mountainbike (frz. VTT) wurden vor allem in der Suisse Normande zahlreiche Pisten eröffnet, besonders verwunschen ist die bei Clécy auf dem rechten Ufer der Orne. Infos erhalten Sie über das Comité Régional Normandie de Cyclotourisme (www.normandie-cyclotourisme.com).
**Spezialveranstalter** bieten organisierte Radwanderungen an:
**La Cordée:** www.lacordee-reisen.de; die Seine von Paris bis Honfleur und weitere Themenreisen.
**Natours:** www.natours.de; Rad- und Wandertouren an der Côte d‹Albâtre.

**Reiten**
Die Normandie ist Frankreichs wichtigste Pferdezuchtregion. Entsprechend groß ist das Angebot an **Reitschulen**, Übernachtungen für Reiter und Pferd, Reitwanderrouten. Viele Gestüte und Reiterhöfe bieten Tagestouren oder Wochenwanderungen an. Informationen unter www.chevalnormandie.com.
Mit **Randocheval** geht es z. B. in die Bucht des Mont St-Michel, in die Suisse Normande oder den Forst von Lyons-la-Forêt (www.randocheval.com). Rustikaler ist das Angebot der **Ferme équestre des Tertres** an der Orne (www.fedestertres.com).

**Hin & weg**

### Segeln, Surfen, Strandsegeln

Strandorte, die sich besonders auf Segelsportler eingerichtet haben, tragen das Label »Station Voile«. Einen Überblick zu **Segelschulen** vermittelt das Portal der Fédération Française de Voile (www.ffvoile.fr).

Infos über **Surfschulen** findet man im Portal der Fédération Française de Surf, dazu Aktuelles aus der Surferszene (www.surfingfrance.com).

Das Mekka für **Strandsegler** bleibt dank endloser, flacher Sandstrände die Côte des Isles mit Basen in Les Pieux, Tourville-sur-Sienne, Bretteville-sur-Ay oder Granville. Weitere Infos über die Fédération francaise de Char à voile (www.ffcv.org).

### Wandern

Bei den Fernwanderwegen **Grande Randonnée** (GR, rot-weiße Markierung) sind die entlang der Küste am beliebtesten. Dramatische Aussichten von schwindelerregenden Klippen und lange Strände garantieren der **GR 21** an der Côte d'Albâtre und der **GR 223** um die Spitze der Cotentin-Halbinsel (Barfleur-Cap Lévy, Urville-Vauville). Die Fernwanderwege **GR 36** und **GR 221** durch die Suisse Normande können dank tiefer Flusstäler und romantischer Felsufer durchaus mithalten. Infos unter www.gr-infos.com.

Das Netz der GR komplettieren die **Sentiers de Grande Randonnée de pays** (GRP, gelb-rot markiert), Rundwanderungen am Verlauf der Fernwanderwege. Hinzu kommen **Petites Randonnées** (PR, gelb markiert), die maximal sechs Stunden beanspruchen und als Rundwege angelegt sind.

**Organisierte Wanderungen** inkl. Übernachtung oder Gepäcktransport, kann man über France Randonnée buchen (www.france-randonnee.fr).

### Wellness & Thalasso

In den **Centres de thalassothérapie** von Trouville, Deauville, Luc-sur-Mer, Ouistreham und Granville kann man sich stunden- oder tageweise vom Alltag verabschieden. Zur Wellness-Dramaturgie zählen Jacuzzi, zerstäubtes Meerwasser inhalieren, Starkstrahldusche, Hamam, Gegenstrom-Schwimmen, Rückenschule, Algentherapie, Aqua-Stretching, Yoga, Atemgymnastik am Strand.

**Info:** http://de.france.fr/de/wellness-frankreich und über das Portal von Thalassoline (www.thalasso-line.com).

## ÜBERNACHTEN

Die Offices de Tourisme der Normandie führen **Übernachtungsverzeichnisse** im Internet, die nach Kategorien, Lage und Preisen durchforstet werden können. Nachteil: Betriebe, die nicht (zahlendes) Mitglied sind, tauchen nicht auf, sind jedoch in der Minderheit.

**Hotelführer** gibt es zudem über www.viamichelin.com oder www.gault-millau.com, empfehlenswerte **Buchungsdienste** sind auch www.hrs.de oder das französische Portal www.123resa.net. Das auf Frankreich spezialisierte Portal Hôtels indépendants de France (www.frankreich-hotel.de) vermittelt eine Auswahl unabhängiger, traditionsreicher Hotels.

### Hotels

Hotels werden nach 1–5 Sternen kategorisiert. Das Frühstück *(petit déjeuner)* ist im Zimmerpreis oft nicht inbegriffen. In der Regel gilt der Preis für das Zimmer: Singles zahlen deshalb so viel wie Paare.

### Schlosshotels und Herrenhäuser

Die Preislagen variieren von der eines Zwei-Sterne-Hotels bis zum Luxusniveau. Mehrere Vereinigungen geben Kataloge heraus:

**Bienvenue au Château:** Gästezimmer im privat genutzten Schloss, www.bienvenueauchateau.com

**Châteaux et Hôtels de France:** Schlosshotels mit historischem Charme, www.chateauxhotels.com

**Relais & Châteaux:** Luxushotels in herrschaftlichen Gemäuern, www.relaischateaux.com

# Hin & weg

*Allein am Strand, das ist nett. Auch an windigen Tagen mit Sonne findet man im Schutz der Strandhütten in Le Havre ein schönes, warmes Plätzchen.*

**Relais du Silence:** Die noblen Hotels des Verbands garantieren Ruhe: www.relaisdusilence.com (deutsch).

### Günstige Hotels
**Logis Hôtels:** Familienbetriebe mit soliden Preisen (www.logishotels.com)
**B&B Hotels:** www.hotel-bb.com
**ibis budget:** ibis.accorhotels.com

### Chambres d'hôtes
Die französische Variante von Bed & Breakfast. Im schönsten Fall kommt eine *table d'hôtes* hinzu, die Möglichkeit, gemeinsam mit anderen Gästen traditionelle Gerichte zu speisen. *fermes-auberges* (Bauernhöfe, auf denen man nach Reservierung essen kann) bieten oft auch Ferienwohnungen *(gîtes)* an. Oft kann man nicht mit der Kreditkarte, sondern nur bar zahlen.
Staatlich geprüft und je nach Ausstattung mit ein bis zu vier Ähren klassifiziert sind die Chambres d'hôtes der Vereinigung **Gîtes de France** (www.gites-de-france.com). Bei **Fleurs de Soleil** sind die Häuser in der Regel gehobener (www.fleursdesoleil.fr).

### Ferienhäuser
Der Standard reicht vom schlichten Nebenhaus eines Bauernhofs mit spartanischem Bad bis zur schicken Villa an der Küste mit Hightech-Küche. Neben Gîtes de France vermittelt **Clévacances** (www.clevacances.com) Locations (Ferienwohnungen/-häuser) – je nach Komfort mit ein bis fünf Schlüsseln klassifiziert und direkt buchbar.
Weitere Anbieter:
**www.interchalet.com**
**www.wolters-reisen.de**

## TELEFONIE, INTERNET

**Internationale Vorwahlnummern:**
Frankreich: +33, Deutschland: +49
Österreich: +43, Schweiz: +41
**Internet:** Wer viel telefonieren und surfen will, kauft eine französische **Prepaid-Karte**, z. B. die »*Recharge Max*« von Orange (ab 5 €/6 Tage gültig). In der Version für 30 € bietet sie Telefon-Flat und 10 GB Internetvolumen für einen Monat (Stand 2018). Größere Volumenmengen bieten die mobilen Miet-Router von **Travel-WiFi,** z.B. 6

Tage unbegrenzt für 50,40 € (www.travel-wifi.com).

## VERKEHRSMITTEL

### Bahn
Eisenbahnverbindungen der SNCF unter www.voyages-sncf.com. Für Nahverbindungen (Transports Express Régionaux, TER) gibt es in allen Bahnhöfen ein Gratisheft (im Internet: www.oui.sncf).

### Bus
Einen Busbahnhof *(gare routière)* findet man in allen größeren Orten. Von Stadt zu Stadt sind die Verbindungen gut, und auch ins Umland nicht mehr so mager wie noch vor Jahren. Einschränkung: Busse verkehren zwar in abgelegene Dörfer, jedoch oft nur morgens und abends. Nur auf Hauptstrecken sind werktags mehrere Verbindungen üblich.

### Taxi
Neben der Grundgebühr von 2 € berechnet sich der Preis pro Kilometer und variiert nach Département. Kilometerpauschale ca. 1–1,50 €, an Sonn- und Feiertagen wird ein höherer Tarif berechnet, in Einzelfällen (nachts) bis 3 €. Für Gepäckstücke ab 5 kg sind 3 € Aufpreis fällig. Der Mindestbetrag für eine Taxifahrt sind 7 €.

### Mietwagen
An den Flughäfen von Rouen und Caen, größeren Bahnhöfen sowie in größeren Küstenorten sind alle großen Autoverleiher vertreten. Günstige Angebote über www.holidayautos.de oder www.mietwagen-check.de.

### Eigenes Auto
Das Straßennetz in der Normandie ist dicht und gut ausgebaut. Vorsicht im Winter – in der Suisse Normande drohen dann Glatteis und Raureif. Staus sind im Sommer auf manchen Küstenstrecken (Honfleur–Trouville oder Deauville–Cabourg) vorprogrammiert.

> ## UMGANGSFORMEN
>
> Ein paar **höfliche Floskeln** erleichtern den Alltag: So erhöht ein *s'il-vous-plaît* oder *excusez-moi* die Auskunftswilligkeit enorm. Und bitte nicht drängeln, ob an der Rezeption oder beim Bäcker. Man nimmt sich Zeit für einen Scherz, für einen Schwatz. Sich für Auskunft und Service zu bedanken, ist üblich. Aber stets mit Anrede: *Merci Madame, Merci Monsieur!*

Auch die Autobahn A 13 (Paris–Le Havre/Caen) durch das Seine-Tal kann im Sommer oder an Wochenenden rappelvoll sein.
**Pannenhilfe:** Auf Autobahnen über Notrufsäulen Hilfe rufen, sonst über den Notruf 112 (auch vom Handy).
**ADAC (deutschsprachiger Notdienst):** T +49 89 22 22 22.
**Verkehrsfunk:** Frequenz FM 107,7.
**Tanken:** Das Tankstellennetz ist dicht, fast überall kann man mit Karte zahlen. Man tankt Super (95 Oktan), Super plus (98 Oktan) oder Gazole (Diesel). Am billigsten ist es bei den großen Supermärkten.

## VERKEHRSREGELN

In Ortschaften gilt ein **Tempolimit** von 50, auf Landstraßen von 80, auf Schnellstraßen von 110 und auf Autobahnen von 130 km/h. Im Kreisverkehr hat man Vorfahrt. Das Schild »Toutes directions« weist die Streckenführung für Durchreisende aus. Übertretungen der Verkehrsregeln werden mit hohen Bußgeldern geahndet, die an Ort und Stelle zu entrichten sind.
**Alkoholgrenze:** 0,5 Promille.
**Anschnallen:** ist auf Vorder- und Rücksitzen Pflicht.
**Parkverbot:** gilt generell vor Postämtern, Polizeistationen, vielen Schulen und Kindergärten, Krankenhäusern sowie an gelb markierten Bordsteinen.

# O-Ton Normandie

**Il pleut des cordes**

*Es regnet Seile*
Es regnet Bindfäden

*Tout va bien?*

*un vent à décorner les bœufs*

*Geht alles gut?*
Alles klar?

**merci**

*Wind, der den Rindern die Hörner wegpfeift*
Sturm

danke

## LA MER EST BELLE

*Das Meer ist schön*
(heißt: ideales Badewetter)

## IL FAUT MANGER QUAND C'EST CHAUD

**S'IL-VOUS-PLAÎT**

*Man muss essen, solange es warm ist*
Warte nicht, tu es sofort

*wenn es Ihnen angenehm ist*
bitte

*Salut*

*Quel bordel!*

Hallo und Tschüss zugleich

*Was für ein Puff!*
Was für ein Durcheinander!

**mener la vie de château**

## UN CAMEMBERT

*ein Schlossleben führen*
es sich gut gehen lassen

*ein Camembert*
ein Kreisverkehr (ugs.)

# Register

## A
Abbaye de Montivilliers 35
ADAC 113
Aiguille de Belval 50
Almenêches 90
Andé 20
Andelle 20
Anreise 108
Anse de Vauville 110
AOP 11
Apotheken 108
Armada 20
Arromanches 74
Ärzte 108
Asisi, Yadegar 23
Asnières-en-Bessin 76
Auderville 98
Austern 8
Avenue verte 42
Avranches 105

## B
Baden 110
Bagnoles-de-l'Orne 90
Bahn 108, 113
Baie d'Écalgrain 98
Bains des Docks 35
Balleroy, Château de 72
Barenton 91
Barfleur 95
Barneville-Carteret 98
Bayeux 68
Beauvoir, Simone de 24
Behinderte 110
Bénédictine 45
Bénouville 50
Bessin 68, 76
Beuvron-en-Auge 68
Biville 98
Bizy, Château de 17
Bois de la Hogue 51
Bonvoust, Charles-Jean 66
Bootstouren 17, 27, 31, 39, 47, 55, 97, 104
Boucle du Hom 85
Boudin, Eugène 56
Bovary, Madame 4, 120
Braque, Georges 42
Breuil-en-Auge 63
Bus 113

## C
Cabourg 62, 64
Caen 79, 80, 108
– Abbaye aux Dames 80
– Abbaye aux Hommes 80
– Burg 80
– Hôtel d'Escoville 80
– Le Mémorial 81
– Musée de Normandie 80
– Musée des Beaux-Arts 80
– Musée d'Initiation à la nature 81
– St-Pierre 80
– St-Sauveur 80
Calvados 63, 88
Cambremer 63
Camembert 63, 66
Camping 62, 86
Canal de l'Orne 83
Cap de la Hague 98, 100
Caramels d'Isigny 77
Carteret 110
Centre Guillaume-le-Conquérant 70
Cerfs-volants, Festival 42
Chabrol, Claude 4
Chambres d'hôtes 112
Charcuterie 11
Château de Miromesnil 42
Château St-Pierre 76
Chausey, Inseln 105
Cherbourg 9, 95
– Cité de la Mer 96
– Le Redoutable 96
– Le Trident 96
– Parc Emmanuel Liais 96
– Ste-Trinité 96
Chocolats Hautot 49
Cidre 11, 63
Cimetière Allemand 74
Cimetière Américain 74
Cimetière Britannique 72
Clécy 84, 86
Clévacances 112
Colleville-sur-Mer 74
Colombières, Château de 76
Conches-en-Ouche 19
Condé-sur-Noireau 86, 88
Conservatoire de la Dentelle 69
Corday, Charlotte 120
Côte d'Albâtre 8, 37
Côte de Grâce 58
Côte de Nacre 53, 73
Côte Fleurie 53
Coudray-Rabut 63
Coutances 104
Crèvecœur-en-Auge 68
Criquebœuf 58
Crudité 11

## D
D-Day 73
Deauville 59
Depardieu, Gérard 58
Diélette 98
Dieppe 39
– Château, Musée de Dieppe 40
– Estran – Cité de la Mer 41
– Marché 41
– Notre-Dame-de-Bon-Secours 40
– St-Jacques 39
Dior, Christian 99, 120
Dives-sur-Mer 65
Docks, Le Havre 35
Domfront 91
Dubourg, Louis-Alexandre 56
Dufy, Raoul 34
Duras, Marguerite 58, 59, 120

## E
Eclats de Rue 83
Écouves 9
Einreise 108
Ermenouville 45
Étretat 48
Évreux 18

## F
Falaise 83
Falaise d'Amont 43, 50

**Register**

Falaise d'Aval  43, 48
Fécamp  45
Feiertage  108
Ferienhäuser  112
Ferme de la Héronnière  67
Ferme de la Merouzière  88
Ferme du Vey  86
Festival du Film Américain  61
Fête de la Crevette  58
Fête de la Mer et du Macquereau  59
Fête de la Pomme  28
Flaubert, Gustave  22
Fleurs de Soleil  112
Flugverbindungen  108
Foire aux Moules  39
Fondation Monet  16
Fontaine-Guérard  20
Forêt des Andaines  90
Formule  10
Fort de la Hougue  94

**G**
Gaillard, Château  19
Gatteville  8, 95
Gîtes  102
Gîtes de France  112
Giverny  16
Gold Beach  73
Goupillières  86
Goury  98
Grandcamp-Maisy  77
Grandes Écuries  87
Grand Hôtel, Cabourg  64
Granville  99, 110

**H**
Haras du Pin  87, 90
Harel, Marie  66
Hermerel, Manoir de l'  77
Honfleur  54
Hotels  111
Houlgate  61

**I**
ICE  108
Impressionismus  21, 56
Informationsbüros  109
Interchalet  112

Internet  112
Iton  18

**J**
Jardin Botanique de Vauville  102
Jardins du Pays d'Auge  63
Jazz sous les pommiers  104
Jeanne d'Arc  22
Jumièges  27
Juno Beach  73

**K**
Kanu  83, 84
Klima  109
Krankenwagen  110

**L**
La Cambe  74
La Grande Mare  29
La Roquette  20
Leblanc, Maurice  48
Le Bô  84
Le Grand Andely  19
Le Havre  4, 27
– Appartement Perret  32
– Docks Océane  30
– Hôtel de Ville  32
– Jardin fluvial St-Nicolas  31
– Jardins suspendus  31
– Kathedrale Notre-Dame  30
– Les Bains des Docks  31
– Le Volcan  34
– Maison-Musée de l'Armateur  30
– Musée Malraux  34
– Nationale Seefahrtsschule ENSM  30
– Porte Océane  32
– Salon des Navigateurs  30
– Ste-Adresse  31
– St-Joseph  34
Le Jardin des Plumes (Hot.)  16
Le Marais-Vernier  29
Le Mont St-Michel  105

Lenôtre, Gaston  120
Le Petit Andely  19
Le Pin-au-Haras  87
Le Rozel  98
Les Andelys  19
Les Petites Dalles  45, 110
Les Roches Noires  110
Le Tréport  4, 38
Le Trou à Romain  50
Lisieux  62
Livarot  63
Longues-sur-Mer  74
Lupin, Arsène  48
Lyons-la-Forêt  4, 20

**M**
Maison Prévert  100
Manche  93
Marais Vernier  28
Martin, Thérèse  62
Médavy, Château de  90
Mémorial des Civils dans la Guerre  74, 83
Mémorial des Reporters  72
Merouzière, Ferme de la  88
Mers-les-Bains  38
Merville-Franceville  110
Mesnil-Geoffroy, Château du  44
Mietwagen  113
Miromesnil, Château de  42
Monet, Claude  16, 21, 57, 120
Montivilliers  35
Mont St-Michel  106
Mortrée  90
MTB-Touren  110
Musée Airborne  75
Musée Christian Dior  99
Musée d'Art et d'Histoire Baron Gérard  69
Musée d'Art moderne Richard Anacréon  99
Musée des Impressionnismes  16
Musée des Pêcheries  46
Musée de Trouville  58

**Register**

Musée Eugène Boudin 56
Musée-Mémorial de la Bataille de Normandie 72
Musée Municipal Alphonse-Georges-Poulain 17
Musée Nicolas Poussin 19

**N**
Niemeyer, Oscar 32, 34
Nördik Impakt Festival 83
Notruf 110

**O**
Ô, Château d' 90
Off-Courts Festival 59
Omaha Beach 74, 110
Omonville-la-Petite 100
Orne 83, 84, 86, 90
Ouistreham 4, 83
Overlord Museum 73

**P**
Pannenhilfe 113
Paragliding 87
Parkverbot 113
Pays d'Auge 53
Pays de Caux 37
Péage 108
Perret, Auguste 32, 34
Phare de Gatteville 95
Pie Normande 29, 120
Plateau de fruits de mer 11
Pointe de la Roque 28
Pointe du Hoc 74
Polizei 110
Polo 61
Pommeau 11
Pont de Normandie 5, 9, 58
Pont d'Ouilly 84, 85, 86
Pontécoulant, Château de 86
Pont-l'Evêque 63
Portbail 99
Porte d'Amont 50
Port-en-Bessin 74

Port-en-Bessin-Huppain 72
Port Racine 100
Poses 17
Poussin, Nicolas 19
Prévert, Jacques 100, 120
Proust, Marcel 62, 64

**Q**
Quesnay, Manoir du 76
Quiberville 44
Quillebeuf 28

**R**
Radfahren 18, 42, 44, 47, 83, 105, 110
Randocheval 110
Reisezeit 109
Reiten 61, 110
Relais du Silence 112
Résidence Douce France, Hot. 43
Restaurant-Kodex 11
Richard Löwenherz 19
Roche d'Oëtre 86
Roches d'Orival 20
Roche Vaudieu 50
Rouen 20
– Abbatiale St-Ouen 21
– Aître St-Maclou 25
– Altstadt 24
– Bureau des Finances 21
– Demeure de Guillaume de Maronne 24
– Église Ste-Jeanne-d'Arc 22
– Historial Jeanne d'Arc 23
– Hôtel de Girancourt 25
– Kathedrale Notre-Dame 21
– La Couronne 24
– Le Bûcher de Jeanne d'Arc 22
– Le Gros Horloge 21
– Markthallen 22
– Musée de la Céramique 21
– Musée des Beaux-Arts 21

– Musée Flaubert et d'Histoire de la médecine 22
– Musée National de l'Éducation 25
– Palais de Justice 23
– Panorama XXL 23
– Passage de la Petite Horloge 25
– Rue Damiette 25
– St-Maclou 21
Route du Cidre 63
Route du Poiré 91
Ry 20

**S**
Château St-Pierre 76
Sassetot-le-Mauconduit 45
Sassy, Château de 90
Satie, Éric 54
Schlosshotels 111
Sées 90
Segelschulen 111
Seine-Kreuzfahrt 17
Seine-Tal 15
Servon 105
Sissi, Kaiserin von Österreich) 45, 48, 110
SNCF 113
Sotteville 44
Spezialitäten 11
Sport und Aktivitäten 110
St-Aubin 44
St-Christophe-le-Jajolet 90
Ste-Marie-du-Mont 73
Ste-Mère-Eglise 75
Ste-Opportune-la-Mare 28
St-Germain-des-Vaux 101
St-Germain-du-Crioult 89
St-Jean-de-la-Rivière 99
St-Martin-de-Varreville 73
St-Pierre-de-Manneville 27
Strandsegeln 111
Strandtipps 110
St-Rémy 85

**Register**

St-Samson-de-la-Roque 28
St-Taurin, Kirche 18
St-Vaast-la-Hougue 94
St-Valéry-en-Caux 43, 44
St-Wandrille 27
Suisse Normande 79, 83
Surfschulen 111
Sword Beach 73

**T**
Tancarville 5
Tanken 113
Tatihou, Île de 94
Taxi 113
Telefon 112
TGV 108
Thalys 108
Thury-Harcourt 83, 84, 85, 86
Touques 63
Tourelles, Château des 17
Tournant, Jacques 32
Tourville-sur-Arques 42
Tripes 11
Trou de l'Homme 48
Trouville 4, 9, 58

**U**
Urville-Nacqueville 102
Utah Beach 73

**V**
Valmont 48
Varengeville-sur-Mer 5, 42
Vattetot 51
Vaucottes 51
Vauville 102
Verkehrsfunk 113
Verkehrsmittel 113
Verkehrsregeln 113
Vernon 16
Veules-les-Roses 44, 110
Viaduc de Clécy 84
Vimoutiers 67

Voie Verte 83
Voiles de Travail, Festival 105
Vouilly, Château de 77

**W**
Wandern 44, 45, 47, 50, 68, 83, 86, 87, 90, 94, 95, 99, 100, 105, 111
Wassersport 59, 61, 94, 104
Wellness 61, 91, 111
Wetter 109
Wilhelm der Eroberer 69, 70, 80, 81, 83, 120

**Y**
Yport 51
Yver Chocolatier 104

**Z**
Zöllnerweg 50
Zollvorschriften 108
Zweiter Weltkrieg 32, 73, 81, 83

**Das Klima im Blick**
Reisen bereichert und verbindet Menschen und Kulturen. Wer reist, erzeugt auch $CO_2$. Der Flugverkehr trägt mit bis zu 10 % zur globalen Erwärmung bei. Wer das Klima schützen will, sollte sich – wenn möglich – für eine schonendere Reiseform entscheiden oder die Projekte von atmosfair unterstützen. Flugpassagiere spenden einen kilometerabhängigen Beitrag für die von ihnen verursachten Emissionen und finanzieren damit Projekte in Entwicklungsländern, die dort den Ausstoß von Klimagasen verringern helfen (www.atmosfair.de). Auch die Mitarbeiter des DuMont Reiseverlags fliegen mit atmosfair!

**Abbildungsnachweis | Impressum**

## Abbildungsnachweis
Fotolia, New York (USA): S. 17 (aterrom); Umschlagklappe hinten (shocky)
Getty Images, München: S. 98 (AFP/Triballeau); 8/9 (Chanson); 85 (Cumming); 78/79 (hemis.fr/Cormon); 55 (National Geographic/Richardson); 120/7 (Popperfoto)
Glow Images, Waukesha: S. 120/5
Huber-Images, Garmisch-Partenkirchen: S. 47 (Ripani)
iStock.com, Calgary (Kanada): S. 69 (Musat); Titel, Faltplan (Vetta)
Laif, Köln: S. 120/1, 120/8 (Gamma-Rapho); 70, 81 (hemis.fr/Cormon); 100 (hemis.fr/Escudero); 92/93, 106 (hemis.fr/Guiziou); 35 (hemis.fr/Maisant); 33 (hemis.fr/Rieger); 40 (hemis.fr/Soberka); 66 (Le Figaro Magazine/Martin); 60 (Le Figaro Magazine/Robin); 120/2 (Pelletier); 4 o., 11 (REA/Decout); 120/3 (REA/Leitenberger); 7 (Rigaud); Umschlagklappe vorne, 52/53, 112 (Top/Tripelon/Jarry); 4 u. (VU/Verzone)
Look, München: S. 19 (age fotostock); 36/37, 64 (SagaPhoto)
Mauritius Images, Mittenwald: S. 56, 74 (age fotostock); 73 (AGF/Guichaoua); 44 (Alamy/Arterra Picture Library); 91 (Alamy/Craggs); 87 (Alamy/Daley); Umschlagklappe vorn, 104 (Alamy/Douillet); 34 (Alamy/Maunder); 76 (Alamy/National Geographic); 26 (Alamy/Neftali); 14/15 (Alamy/nobleIMAGES); 120/6 (Alamy/Photos 12); 25 (Alamy/Whitefoot); 50 (Alamy/Zooner)
Picture Alliance, Frankfurt a.M.: S. 120/4 (maxppp)
Schapowalow, Hamburg: S. 88 (4Corners/Leplat)
Wikimedia Commons: S. 120/9
Zeichnung S. 3: Gerald Konopik, Fürstenfeldbruck
Zeichnung S. 5: Antonia Selzer, Lörrach

## Kartografie
DuMont Reisekartografie, Fürstenfeldbruck
© DuMont Reiseverlag, Ostfildern

## Umschlagfotos
Titelbild: Küstenblick am Zöllnerweg bei Étretat auf der Falaise d'Amont
Umschlagklappe hinten: Herbstspaziergang im Regen an der Côte d'Albâtre

**Hinweis:** Autor und Verlag haben alle Informationen mit größtmöglicher Sorgfalt geprüft. Gleichwohl sind Fehler nicht vollständig auszuschließen. Alle Angaben erfolgen ohne Gewähr. Bitte schreiben Sie uns! Über Ihre Rückmeldung zum Buch und Verbesserungsvorschläge freuen sich Autor und Verlag:
**DuMont Reiseverlag,** Postfach 3151, 73751 Ostfildern,
info@dumontreise.de, www.dumontreise.de

2., aktualisierte Auflage 2019
© DuMont Reiseverlag, Ostfildern
Alle Rechte vorbehalten
Autor: Klaus Simon
Redaktion/Lektorat: Hans E. Latzke, Sebastian Schaffmeister
Bildredaktion: Stefan L. Scholtz
Grafisches Konzept: Eggers+Diaper, Potsdam
Printed in China

# Kennen Sie die?

**9 von 3 490 000 Normannen**

**Christian Dior**
Der Modeschöpfer erfand 1947 den »New Look«, mit Röcken, die bauschiger waren als die Segel im Hafen des Heimatorts Granville. Seine Villa »Les Rhumbs« ist heute Dior-Museum.

**Marguerite Duras**
Kam, sah, blieb und trank in Trouville, wo sie im ehemaligen Grandhotel lebte. Spazierte ansonsten am Strand und notierte »Das Meer betrachten heißt das Leben betrachten«.

**La Pie Normande**
Erkennungszeichen sind die dunklen Kringel im Fell, die die Augen der normannischen Kuhrasse umranden. In der Normandie steht also die einzige bebrillte Kuhart der Welt auf den Weiden.

**Charlotte Corday**
Fuhr nach Paris, um dort 1793 den Revolutionsführer Marat in der Badewanne zu erdolchen. Endete auf dem Schafott und wurde dank dieses Gemäldes von Jean-Jacques Hauer unsterblich.

**Jacques Prévert**
Poet und Nonkonformist, dessen Hideaway am Cap de la Hague so bezaubernd ist wie sein Werk. In seiner Granitkate lebte der Autor von »Die Kinder des Olymp« bis zu seinem Tod 1977.

**Madame Bovary**
Gelangweilte Arztgattin in der Provinz und berühmteste Romanfigur des Normannen Gustave Flaubert. Träume von einem romantischen Leben und endete natürlich tragisch: Selbstmord.

**Wilhelm der Eroberer**
Der Herzog der Normandie eroberte England. Und wurde König über das Inselreich. Sein auf eine Stoffbahn gestickter Eroberungszug ist in Bayeux zu bewundern.

**Gaston Lenôtre**
Der Feinkosthändler mit Filialen im ganzen Land begann als Pâtissier in Pont-Audemer. Der »Wilhelm der Eroberer« des Caterings zog bald die noble Klientel aus Deauville an.

**Claude Monet**
»Impression, soleil levant« heißt das Gemälde, mit dem der Maler 1874 in Paris eine Kunstrevolution auslöste und der Stilrichtung ihren Namen gab: Impressionismus.